563287

Schlammschildkröten

Kinosternon, Sternotherus, Claudius, Staurotypus

von
Maik Schilde

D1704710

136 Seiten
166 Farbfotos
17 Grafiken
6 Tabellen

Büchereien Wien
Am Gürtel
Magistratsabteilung 13
7, Urban-Loritz-Platz 2a
A-1070 Wien

Ausgeschieden
von den
Büchereien Wien

Terrarien **NTV** Bibliothek

Natur und Tier - Verlag GmbH

Titelbild: *Kinosternon herrerai*
Hintergrund: *Kinosternon creaseri,* Ventralansicht
Fotos: J. B. Iverson

Die in diesem Buch enthaltenen Angaben, Ergebnisse, Dosierungsanleitungen etc. wurden vom Autor nach bestem Wissen erstellt und sorgfältig überprüft. Da inhaltliche Fehler trotzdem nicht völlig auszuschließen sind, erfolgen diese Angaben ohne jegliche Verpflichtung des Verlages oder des Autors. Beide übernehmen daher keine Haftung für etwaige inhaltliche Unrichtigkeiten.
Alle Rechte, insbesondere das Recht der Vervielfältigung und Verbreitung sowie der Übersetzung, vorbehalten. Kein Teil des Werkes darf in irgendeiner Form (Druck, Fotokopie, Mikrofilm oder andere Verfahren) ohne schriftliche Genehmigung des Verlages reproduziert oder unter Verwendung elektronischer Systeme verarbeitet, gespeichert oder vervielfältigt werden.

ISBN 3-931587-59-2

© 2001 Natur und Tier - Verlag GmbH
    An der Kleimannbrücke 39/41, D-48157 Münster
    Geschäftsführung: Matthias Schmidt
    Lektorat: Heiko Werning, Berlin; Kriton Kunz, Speyer
    Gestaltung: Sibylle Manthey, Berlin
    Druck: MKL Druck GmbH & Co. KG, Ostbevern

Die Deutsche Bibliothek – CIP-Einheitsaufnahme
Schilde, Maik:
Schlammschildkröten : Kinosternon, Sternotherus, Claudius, Staurotypus / von Maik Schilde.
- Münster : Natur-und-Tier-Verl., 2001
(Terrarien-Bibliothek) ISBN 3-931587-59-2

Inhalt

Zum Geleit

Die vorliegende populärwissenschaftliche Monographie der Schlammschildkröten – die Familie Kinosternidae – wurde sicher von der großen Schar deutschsprachiger Schildkrötenliebhaber lange erwartet und wird mit Freude angenommen werden. Autor und Verlag haben eine wesentliche Lücke im Spektrum der herpetologischen und terraristischen Literatur richtig erkannt und – das kann ich prognostisch mit gutem Gewissen sagen – erfolgreich geschlossen.

Mein Optimismus für den erfolgreichen Weg des Buches beruht zunächst auf einer zwei Jahrzehnte dauernden Bekanntschaft mit dem Autor, Herrn Maik Schilde. Er befasste sich von Anfang an nicht nur erfolgreich mit der Pflege und Zucht verschiedener Kinosterniden, sondern war auch stets intensiv um die richtige Bestimmung seiner Pfleglinge bemüht. Dabei wurde ihm sehr bald klar, auf welch schwieriges Terrain er sich begeben hatte. Ich konnte ihm oft nur helfen, indem ich ihm vor allem amerikanische Originalliteratur zum „Selbststudium" auslieh und ihm den Vergleich seiner Pfleglinge mit konservierten Exemplaren aus der Herpetologischen Sammlung des Museums für Tierkunde Dresden ermöglichte. Nicht zuletzt sind in den letzten zwei Jahrzehnten auch alle interessanten Schildkröten aus dem Besitz von Herrn Schilde als wohl erhaltene Präparate selber in diese Sammlung gelangt, wenn sie trotz aller Pflege den Weg in den Schildkrötenhimmel angetreten hatten....

Maik Schilde bringt nun in diesem Buch seine wirklich umfangreichen Erfahrungen in der Haltung und Zucht der Kinosterniden ein und erweist sich dadurch auch als berechtigt und verpflichtet, diesen Erfahrungsschatz zu veröffentlichen. Darüber hinaus macht er seine Kenntnisse aus der weit verstreuten englischsprachigen Originalliteratur, die dem Liebhaber nur äußerst mühsam zugänglich ist, hier ebenfalls einem breiten Nutzerkreis zugänglich. Biologische, tiergeographische, systematisch-taxonomische und damit natürlich auch stammesgeschichtliche Sachverhalte bei den Schlammschildkröten werden auf diesem langjährigen Quellenstudium zuverlässig referiert. Das ist der zweite Grund für meine Zuversicht für den Erfolg seines Buches.

Besonderen Wert auch für den Herpetologen, der die Kinosterniden als eine der wirklich schwierigen Schildkrötenfamilien einfach nur richtig erkennen will, erhält das Buch durch seine Bestimmungshilfen. Einen ganz speziellen Rang nehmen dabei die zahlreichen Fotos ein. Darunter sind Bilder mancher Schlammschildkröten, die bislang noch gar nicht oder zumindest nicht in der deutschsprachigen Literatur zu sehen waren. Nicht nur der Autor, sondern auch ich und mit mir sicher sehr viele Nutzer dieses Buches danken unserem amerikanischen Kollegen Herrn Dr. John Iverson sehr herzlich für seine großzügige Hilfe, durch die wir diese Schildkröten erstmals im Bild bewundern dürfen! Die großartige Bildausstattung ist mein dritter Grund, an den Erfolg dieses Buches zu glauben.

Mir bleibt nun nur noch, dem Buch den vorausgesagten Erfolg tatsächlich zu wünschen, und ebenso den Liebhabern der Kinosterniden beim Halten und Züchten dieser als Heimtiere so besonders geeigneten Schildkrötenfamilie.

Dresden, im April 2001

Prof. Fritz Jürgen Obst

Vorwort und Danksagung

Das vorliegende Buch soll einen möglichst vollständigen Überblick über eine Schildkrötenfamilie verschaffen, die sich aufgrund ihres faszinierenden Verhaltens und ihrer guten Haltbarkeit einiger Beliebheit erfreut, obschon die Tiere eher unscheinbar und weniger farbenprächtig sind. Einige Arten, insbesondere von den Moschus- und Klappschildkröten, können zu Recht als Anfängerschildkröten bezeichnet werden, da ihre artgerechte Pflege im Aquaterrarium bestens zu ermöglichen ist. Vor allem die Gewöhnliche Moschusschildkröte ist aus der Terraristik nicht mehr wegzudenken. Ein Anliegen des Buches ist es auch, die Vermehrung dieser Arten zu fördern, um den Bedarf unter den Schildkrötenliebhabern durch Nachzuchten zu decken. Aber es gibt auch weitere sehr interessante Mitglieder der Familie der Schlammschildkröten, deren Biologie bis jetzt noch nicht vollständig geklärt ist. Gerade diese Arten regelmäßig zu vermehren, ist ein Ansporn für engagierte Terrarianer. Das interessante Verhalten dieser Schildkröten macht den Reiz von Haltung und Vermehrung aus.

Bedanken möchte ich mich bei allen Freunden und Bekannten, die mir Bilder und Mitteilungen zur Verfügung stellten: Jim Buskirk (Oakland, USA), Joachim Fiebig (Leipzig), Joachim Guntermann (Essen), Wolfgang Helm (Gera), John B. Iverson (Richmond, USA), Maria Manjarrez (Veracruz, Mexiko), Elmar Meier (Nottuln), Andreas Mende (Firma La Mendes, Sulzfeld), Stefan Moeller (Leipzig), Jens Opitz (Mahlow), Frank Prellwitz (Dresden), Gerhard Schaffer (Stiefern, Österreich), Sabine und Thomas Vinke (Haan), Tino Vogel (Bad Düben) und Jürgen Weidlich (Krefeld). Bedanken möchte ich mich auch bei Dr. Uwe Fritz und Dr. Edgar Lehr vom Staatlichen Museum für Tierkunde in Dresden für die Bereitstellung von Literatur, sowie bei Andreas S. Hennig (Leipzig) für das Korrekturlesen der ersten Manuskriptfassung. Schließlich danke ich meiner Mutter Birgit Schilde (Leipzig) für die Ausführung der Zeichnungen.

Mein besonderer Dank gilt Herrn Prof. Fritz Jürgen Obst für seine kritische Durchsicht des Manuskriptes und die daraus folgenden wichtigen und wertvollen Hinweise, die wesentlich zum Gelingen des Buches beitrugen.

Ebenso möchte ich mich bei meiner Familie, insbesondere meiner Frau, für ihr Verständnis und die Rücksichtnahme auf mein Hobby bedanken.

Leipzig, im Mai 2001

Maik Schilde

1. Allgemeiner Teil

1.1 Systematik und Abstammung

Die Schlammschildkröten werden zur Familie Kinosternidae zusammengefasst. Diese beinhaltet zwei Unterfamilien, die Kinosterninae (Eigentliche Schlammschildkröten) mit den Gattungen *Kinosternon* und *Sternotherus* sowie die Staurotypinae (Kreuzbrustschildkröten) mit den Gattungen *Claudius* und *Staurotypus*. Diese Unterfamilien werden von manchen Taxonomen auch als eigenständige Familien geführt. Nach neusten Erkenntnissen werden sie aber überwiegend wieder als Unterfamilien innerhalb der Familie Kinosternidae betrachtet.

Die Schlammschildkröten – Kinosternidae AGASSIZ, 1857 – sind eine Familie der Unterordnung Cryptodira (Halsbergerschildkröten). Nähere verwandtschaftliche Beziehungen bestehen zu den Trionychidae (Weichschildkröten) und den Dermatemydidae (Tabascoschildkröten). Früher wurde angenommen, dass es eine enge Beziehung zu den Chelydridae (Alligatorschildkröten) gibt (OBST 1985). Sie wurden gemeinsam mit ihnen sowie den Familien Platysternidae (Großkopfschildkröten) und Dermatemydidae in die Überfamilie Chelydroidea (Alligatorschildkröten-Verwandtschaft) gestellt.

Heute ordnet man die Schlammschildkröten innerhalb der Systematik der Schildkröten folgendermaßen ein (IVERSON 1992a):

Unterklasse:	Anapsida
Ordnung:	Testudines
Unterordnung:	Cryptodira

Überfamilie:	Trionychoidea (Weichschildkröten-Verwandtschaft)
	Dermatemydidae (Tabascoschildkröten)
	Kinosternidae (Schlammschildkröten)
Familie:	Carettochelyidae (Papua-Weichschildkröten)
	Trionychidae (Weichschildkröten)

Unterfamilie:	**Kinosterninae (Eigentliche Schlammschildkröten)**
Gattungen:	*Kinosternon* **(Klappschildkröten)**
	Sternotherus **(Moschusschildkröten)**

Unterfamilie:	**Staurotypinae (Kreuzbrustschildkröten)**
Gattungen:	*Claudius* **(Großkopf-Schlammschildkröten)**
	Staurotypus **(Eigentliche Kreuzbrustschildkröten)**

SEIDEL et al. (1986) zogen biochemische Vergleiche zur Untersuchung der phylogenetischen (stammesgeschichtlichen) Beziehungen in der Familie Kinosternidae heran. Dazu wurden Proben von 297 Exemplaren aus 18 Arten und vier Gattungen gesammelt. Zwischen den meisten Arten von *Kinosternon* aus Mexiko und Zentralamerika, ausgenommen *Kinosternon leucostomum* und *Kinosternon sonoriense*, konnten relativ kleine Unterschiede in der Struktur der Proteine festgestellt werden. Bei der elektrophoretischen Untersuchung zeigte *Kinosternon baurii* eine große Ähnlichkeit mit *Sternotherus odoratus*. Auch wurde eine enge Beziehung zwischen *Kinosternon acutum* und der *Kinosternon-scorpioides*-Gruppe (*K. scorpioides, K. integrum, K. alamosae, K. oaxacae, K. chimalhuaca*) festgestellt, die durch die großen morphologischen Ähnlichkeiten und die zoogeographischen Verbreitungsverhältnisse zu erwarten waren. Weitere nahe verwandtschaftliche Verbindungen wurden zwischen *Kinosternon hirtipes, Kinosternon flavescens* und *Kinosternon herrerai* erkannt. Da *Kinosternon baurii* und *Kinosternon subrubrum* nach den Ergebnissen dieser biochemischen Untersuchung vermutlich näher verwandt mit der Gattung *Sternotherus* als mit den übrigen *Kinosternon*-Arten sind, kommen SEIDEL et al. zu dem Schluss, dass *Sternotherus* nur ein Synonym für *Kinosternon* sei, und sie stellen alle vier *Sternotherus*-Arten zur Gattung *Kinosternon*. Andere biochemische Daten unterstützten diese Aussage, und es ließ sich vermuten, dass *Kinosternon* ein paraphyletisches Taxon (aus mehreren Ursprungsarten entstanden) ist. Im Vorfeld zeigten auch die Untersuchungen zur Plastronmorphologie durch BRAMBLE et al. (1984), zum Wirbelplattenmuster durch IVERSON (1988) sowie zur Genetik und Biochemie durch SITES et al. (1979) und FAIR (1972), dass *Kinosternon baurii* und *Kinosternon subrubrum* mehr Gemeinsamkeiten mit den Arten der Gattung *Sternotherus* teilen als mit den anderen *Kinosternon*-Arten. IVERSON (1991a) erkannte dann aufgrund des Vergleichs von 27 morphologischen Merkmalen zwischen *Kinosternon* und *Sternotherus* den Moschusschildkröten den Rang einer Untergattung zu. Auch ERNST et al. (1994) stehen der Zusammenfassung von *Sternotherus* und *Kinosternon* in einer Gattung kritisch gegenüber. Dazu haben sie folgende Fragen aufgeworfen, die es noch zu beantworten gilt: Wenn die Gattung *Kinosternon* ihren Ursprung in Mexiko nahm und wenn *Kinosternon baurii* und *Kinosternon subrubrum* sich so weit entfernt vom Enstehungszentrum entwickelten, ist es dann nicht logisch, dass sich beide Arten auch genetisch vom Ursprung weiter entfernte? Wenn sich die Arten der Gattung *Sternotherus* in Nordamerika aus *Kinosternon*-Vorfahren entwickelten, müsste dann nicht eine nähere Verwandtschaft zu den beiden nordamerikanischen Klappschildkröten zu erwarten sein? Und warum werden daher nicht *Kinosternon baurii* und *Kinosternon subrubrum* zu *Sternotherus* gestellt? 1998 schlussfolgerte IVERSON nach umfassenden Interpretationen von morphologischen und genetischen Ergebnissen, dass *Sternotherus* doch eine eindeutig abgrenzbare Gattung sei. *Sternotherus odoratus* soll den anderen drei Arten etwas weniger nahe stehen, als diese untereinander verwandt sind. Weiterhin wird von IVERSON vermutet, dass die Gattung *Kinosternon* sich in mindestens zwei weitere Untergattungen aufteilen ließe, welchen möglicherweise Gattungsrang zukäme. Aufgrund der kontrovers geführten Diskussion und der doch deutlichen morphologischen Unterschiede wird in diesem Buch der konservativen Meinung gefolgt und *Sternotherus* als eigenständige Gattung angesehen. Außerdem ist die Systematik der tropischen *Kinosternon*-Arten noch nicht abschließend bearbeitet. So wurden in den letzten 20 Jahren vor allem aus dem Umfeld von *Kinosternon hirtipes* und *Kinosternon flavescens* neue Unterarten und selbst Arten

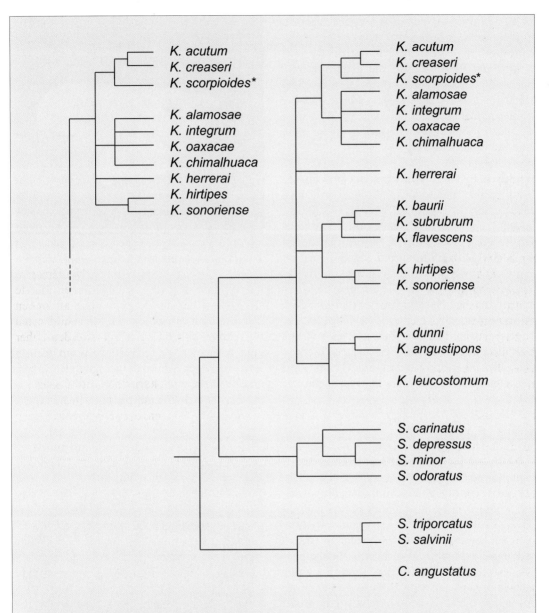

Abb. 1: Die verwandtschaftlichen Beziehungen der Schlammschildkröten zueinander nach IVERSON (1991a, 1998). Unklarheit besteht bei der Einordnung der *hirtipes*-Gruppe und *Kinosternnon herrerai*. Beide gehören wahrscheinlich zum *scorpioides*-Komplex (IVERSON 1998), sodass drei Gruppen übrig bleiben, die *scorpioides*-, die *flavescens*- und die *leucostomum*-Gruppe.
*inklusive *Kinosternon cruentatum*

(z. B. *Kinosternon chimalhuaca*) beschrieben. Es gibt aber auch bei *Kinosternon leucostomum*, *Kinosternon cruentatum* und *Kinosternon scorpioides* in Bezug auf die geographische Variabilität großen Forschungsbedarf. Noch ist unklar, ob *Kinosternon leucostomum* zur *Kinosternon-scorpioides*-Gruppe oder zur *Kinosternon-dunni*-Verwandtschaft gehört (siehe auch Abbildung 1, Seite 9).

Aus der Trias stammen die ältesten bislang gefundenen fossilen Schildkröten. Das älteste Mitglied der Schlammschildkröten-Verwandtschaft (Staurotypinae) ist aus dem Oligozän bekannt. Es handelt sich dabei um *Xenochelys formosa* aus South Dakota, obwohl das heutige Mannigfaltigkeitszentrum Mexiko ist. Von *Claudius angustatus* sind fossile Reste in Veracruz gefunden worden. Die Gattung *Kinosternon* ist aus dem Pliozän von Mexiko und dem Südwesten der USA bekannt. Von *Sternotherus odoratus* existieren Fossilien aus Kansas aus dem unteren Pliozän und dem unteren Pleistozän. Aus Florida, Kansas und Texas sind Fossilienfunde aus dem oberen Pleistozän bekannt.

1.2 Körperbau

1.2.1 Besonderheiten im Körperbau

Hier soll nur auf einige Besonderheiten in der Anatomie der Schlammschildkröten hingewiesen werden, da es zur allgemeinen Anatomie der Schildkröten bereits genügend Literatur gibt. Schlammschildkröten gehören zur Unterordnung Cryptodira, also zu den Halsbergerschildkröten: Sie sind in der Lage, den Kopf vollständig in den Panzer zurückzuziehen. Eine Ausnahme bildet *Claudius angustatus* aufgrund des großen Kopfes – er schafft es nur andeutungsweise. Die Art ersetzt den fehlenden Schutz durch Wehrhaftigkeit. Zwei Tendenzen in der Panzerentwicklung sind bei den Schlammschildkröten zu erkennen: Zum einen ist vor allem bei der Unterfamilie Staurotypinae das

Schädel von *Sternotherus depressus*. Der kräftige Schädel ist kennzeichnend für Kinosterniden.

Foto: M. Schilde

Plastron stark zurückgebildet, sodass es bei diesen Arten nur noch als Kreuz vorhanden ist. Das geht mit einer weitgehenden Reduktion der Brücke, also der Verbindung zwischen Carapax und Plastron, einher. Bei *Claudius angustatus* besteht diese Verbindung nur noch aus elasti-

Kinosternon leucostomum leucostomum – der Verschluss des Panzers ist perfekt.   Foto: M. Schilde

schem Bindegewebe. Bei der Gattung *Sternotherus* ist ebenso eine Reduzierung der Hornplatten des Plastrons zu erkennen, in dem bei einigen Arten die Nähte zwischen den einzelnen Platten sehr breit und mit Bindegewebe ausgefüllt sind. Die zweite Entwicklungstendenz ist die Möglichkeit bei *Kinosternon*, den Panzer mit Hilfe von zwei Scharnieren im Plastron vollständig verschließen zu können. Diese Scharniere können je nach Art vollständig oder nur teilweise funktionsfähig sein. Ähnliche Entwicklungen zum besseren Schutz vor Feinden fanden auch bei ganz anderen Schildkrötengattungen statt, z. B. bei den Dosenschildkröten (*Terrapene*) und den Scharnierschildkröten (*Cuora*), die verwandtschaftlich den Schlammschildkröten relativ fern stehen und jeweils nur ein Scharnier besitzen. Es sind Parallelentwick-

Kinosternon leucostomum leucostomum, Ventralansicht – deutlich sind die zwei Scharniere zu erkennen. Foto: M. Schilde

lungen (Konvergenz) in der Evolution der Schildkröten, die keinen Anhaltspunkt für engere Verwandtschaftsbeziehungen liefern.

Der Bauchpanzer der Schlammschildkröten lässt sich gut zur Artbestimmung heranziehen, da die Verhältnisse der einzelnen Plastralnähte und Schilde zueinander z. T. arttypisch sind.

Sternotherus carinatus, Ventralansicht eines Männchens. Die Hornschilde sind stark reduziert.
Foto: M. Schilde

Staurotypus salvinii, Ventralansicht. Das Plastron ist nur kreuzförmig ausgebildet.
Foto: M. Schilde

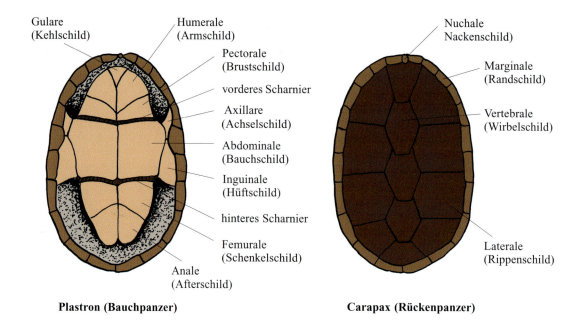

Gulare
(Kehlschild)

Humerale
(Armschild)

Pectorale
(Brustschild)

vorderes Scharnier

Axillare
(Achselschild)

Abdominale
(Bauchschild)

Inguinale
(Hüftschild)

hinteres Scharnier

Femurale
(Schenkelschild)

Anale
(Afterschild)

Nuchale
Nackenschild)

Marginale
(Randschild)

Vertebrale
(Wirbelschild)

Laterale
(Rippenschild)

Plastron (Bauchpanzer)   **Carapax (Rückenpanzer)**

Abb. 2: Bezeichnung der Plastron- und Carapaxschilde
Die Naht z. B. zwischen den zwei Femoralschilden wird Interfemoralnaht genannt.

Abb. 3: Die unterschiedlich geformten Nasalschilde können zur Artbestimmung genutzt werden, dabei sind Übergänge in der Gestalt der Schilde möglich. Die V-förmige Gestalt ist möglicherweise als die ursprünglichere anzusehen (IVERSON 1991a). C und D sind eine Abwandlung von A.

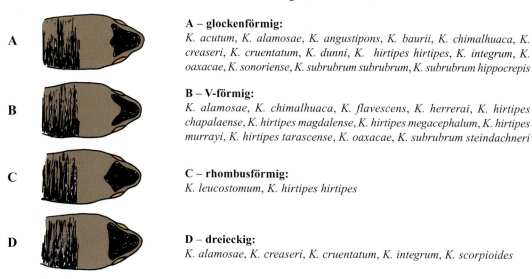

A

A – glockenförmig:
K. acutum, K. alamosae, K. angustipons, K. baurii, K. chimalhuaca, K. creaseri, K. cruentatum, K. dunni, K. hirtipes hirtipes, K. integrum, K. oaxacae, K. sonoriense, K. subrubrum subrubrum, K. subrubrum hippocrepis

B

B – V-förmig:
K. alamosae, K. chimalhuaca, K. flavescens, K. herrerai, K. hirtipes chapalaense, K. hirtipes magdalense, K. hirtipes megacephalum, K. hirtipes murrayi, K. hirtipes tarascense, K. oaxacae, K. subrubrum steindachneri

C

C – rhombusförmig:
K. leucostomum, K. hirtipes hirtipes

D

D – dreieckig:
K. alamosae, K. creaseri, K. cruentatum, K. integrum, K. scorpioides

Deshalb befinden sich im Anhang Abbildungen von Plastren verschiedener *Kinosternon*-Arten. Ein weiteres Merkmal, das zur Artbestimmung herangezogen werden kann, ist der Nasalschild. Er befindet sich, wie der Begriff bereits andeutet, auf der Kopfoberseite über der Nase.

Zur Abwehr von Feinden setzen Schlammschildkröten Duftstoffe ein, die in Drüsen gebildet werden. Deshalb wird die Gewöhnliche Moschusschildkröte in den USA auch als „Stinkpot" bezeichnet.

1.2.2 Sekundäre Geschlechtsmerkmale

Im Allgemeinen lassen sich die Geschlechter bei erwachsenen Schlammschildkröten gut an der Länge der Schwänze unterscheiden. Der Schwanz der Männchen ist wesentlich länger, kräftiger und endet oft in einem spitzen Hornnagel. Die Kloake liegt weiter zum Schwanzende hin. Bei einigen Arten besitzen die Männchen an den Innenseiten der Hinterschenkel so genannte Haftpolster (Vinculae). Das sind runde Felder mit vergrößerten Schuppen, die es dem Männchen erlauben, sich während der Kopulation am Carapaxrand des Weibchens zu verankern. Der Kopf bei den Männchen eini-

Sternotherus odoratus, Haftpolster an den Hinterbeinen eines Männchens   Foto: M. Schilde

ger Arten ist größer und die Nasenregion häufig aufgewölbt. Oft sind adulte *Kinosternon*-Männchen am Kopf dunkler gefärbt, insbesondere die Kiefer sind dann mit dunklen Flecken und Strichen versehen. Auch besitzen sie im Alter ein konkaves Plastron. Bei den anderen

Kinosternon acutum (Tlacotalpan, Veracruz, Mexiko). Kopfporträt eines Männchens; die Nase ist deutlich aufgewölbt.   Foto: M. Schilde

Kinosternon leucostomum leucostomum, Endnagel am Schwanz eines Männchens   Foto: M. Schilde

Kinosternon acutum (Tlacotalpan, Veracruz, Mexiko), Weibchen; die Nase ist spitz.   Foto: M. Schilde

Gattungen ist dies nicht so deutlich ausgeprägt. In den meisten Fällen sind Männchen größer oder gleich groß wie Weibchen. Bei Arten, die zwischen den Plastronschilden Bindegewebs-streifen besitzen, sind diese bei den Männchen breiter.

Kinosternon hirtipes tarascense, Ventralansicht, links Weibchen, rechts Männchen   Foto: G. Schaffer

1.2.3 Besondere physiologische Leistungen

Schlammschildkröten sind sehr gut an das Leben im Wasser angepasst. Beispielsweise können *Sternotherus odoratus* und *Kinosternon subrubrum* etwa 20 Minuten tauchen (STONE et al. 1992b). Sie verbrauchen während des Tauchens nur 1/8 des Sauerstoffs, den sie sonst zum Atmen benötigen. Höchstwahrscheinlich findet auch ein Gasaustausch unter Wasser statt, da *Sternotherus odoratus* in sauerstoffarmen Wasser nach fünf Tagen verendete (ULTSCH et al.1984; JACKSON et al. 1984). Beim Tauchvorgang weist das Blut immerhin einen durchschnittlichen Gehalt von 26 % Sauerstoff und 56 % Kohlendioxid auf (STONE et al. 1992a). Es gibt einige spezifische Anpassungen bei Schlammschildkröten, wie z. B. bei *Kinosternon flavescens*: Die Weibchen führen z. T. nach der Eiablage gleich eine Trockenruhe (Ästivation) durch. Diese kann dann gelegentlich direkt in die Winterruhe (Hibernation) übergehen, sodass die Tiere nur drei bis vier Monate im Jahr aktiv sind. In dieser Zeit müssen sie genügend Nahrung aufnehmen und sich fortpflanzen. Ein anderes bemerkenswertes Beispiel für extreme physiologische Leistungen liefert die Art *Kinosternon alamosae*, die eine erstaunliche Temperaturtoleranz aufweist und selbst in Gewässern mit über 42 °C Wassertemperatur gefunden wurde (IVERSON 1989a).

1.3 Lebensraum und Lebensweise

1.3.1 Klima und Verbreitung

Die Kinosternidae sind eine für Amerika endemische Schildkrötenfamilie. Schlammschildkröten bewohnen fast den gesamten amerikanischen Kontinent von den Großen Seen im Norden bis nach Nordargentinien im Süden. Sie leben in den verschiedensten Klimazonen. Deshalb soll nur der prinzipielle Unterschied im Klima zwischen den nordamerikanischen und mittel- bzw. südamerikanischen Arten am Beispiel einiger Klimastationen herausgestellt

Abb. 4: Verbreitungsgebiet der Familie Kinosternidae

werden. Die Angaben beziehen sich nur auf das Makroklima der jeweiligen Gegend, deshalb können sie lediglich als grobe Hinweise gelten. Für die nordamerikanischen Lebensräume sind warme Sommer und kühle Winter typisch. In Chicago, Illinois, fallen im Dezember und Januar die mittleren Temperaturen auf ca. -4 °C. Im Sommer können sie etwa 24 °C erreichen. Je weiter nördlich, desto länger dauern die Winter und desto ausgeprägter die Winterruhe der dort lebenden Schlammschildkröten. In New Orleans, Louisiana, fallen die mittleren Temperaturen im Winter dagegen nur auf ca. 14 °C. Im Sommer können sie bis auf etwa 28 °C steigen. In Miami, Florida, sinken die mittleren Wintertemperaturen sogar lediglich auf ca. 19 °C. Hier sind die meisten Schildkröten fast das ganze Jahr aktiv. Vor allem im Südwesten

der USA und dem angrenzenden Mexiko kommt es während der Trockenzeit zum Austrocknen vieler Gewässer. Arten, die in diesem Klima leben, sind hervorragend an diese Bedingungen angepasst und ästivieren während der Trockenzeit. Das feuchtheiße Klima in den Schlammschildkröten-Biotopen in Mittel- und Südamerika ist verhältnismäßig gleich bleibend, nur die Niederschlagsmenge ändert sich im Jahresverlauf. Auch hier kommt es häufig während der Trockenzeit zum Austrocknen einiger Gewässer. Die mittleren Temperaturen liegen z. B. in Belize im Jahresverlauf bei 25 °C mit geringen Schwankungen. Die Regenzeit dauert von September bis Januar. In Saint Ignatius, Guayana, sind die mittleren Temperaturen mit ca. 27 °C noch etwas höher. Hier beginnt die Regenzeit im April und endet im August.

1.3.2 Habitate

Als typische Opportunisten (Anpassung an die jeweiligen Gegebenheiten) besiedeln Schlammschildkröten unterschiedlichste Gewässertypen: angefangen von größeren Seen über große Flüsse und Kanäle bis hin zu Kleingewässern wie Teiche und Tümpel. Es können sowohl permanente wie auch temporäre Wasseransammlungen bewohnt werden. Die nur zeitweilig Wasser führenden Gewässer sind zumeist im mittelamerikanischen Verbreitungsgebiet anzutreffen. Die Schildkröten unternehmen dort z. T. größere Wanderungen über Land zum nächstgelegenen Gewässer oder führen eine Ästivation durch, vergraben unter der Laubschicht oder Baumwurzeln. Einen großen Einfluss hat der Wechsel der Jahreszeiten auf den Jahresrhythmus der Tiere, wobei der Wechsel von Trocken- und Regenzeit für das tropische Mittel- und Südamerika entscheidend ist. Als Beispiel sei die Region Los Tuxtlas in Veracruz, Mexiko, angeführt. Dort wurden von VOGT & GUZMAN (1988) Untersuchungen an mehreren Seen und Kanälen zur Ökologie von Kinosterniden durchgeführt. Die süd- und

Habitat von *Sternotherus minor minor*,
Hammock Fern Springs, Florida: ein
kleines Quellgewässer östlich von Ocala
Foto: J. Guntermann

Habitat von *Kinosternon leucostomum leucostomum*
und *Kinosternon cruentatum*, Veracruz, Mexiko.
Foto: M. Manjarrez

Brasilien, Amazonasgebiet: Habitat von
Kinosternon scorpioides scorpioides
Foto: A. S. Hennig

Links: Straßengraben in der Chaco-Region, Paraguay – Habitat von *Kinosternon scorpioides scorpioides*
Foto: S. & T. Vinke

mittelamerikanischen Schlammschildkröten sind sehr wärmebedürftig. Die Messung der Wassertemperaturen an zwei Seen in diesem Gebiet ergab für die Laguna de Zacatal zwischen 21 und 31,3 °C (durchschnittlich 26,9 °C) und für die Laguna Escondida 20,7–30,0 °C (durchschnittlich 25,2 °C). Die Temperatur wurde in einer Tiefe von 1,5 m gemessen. Die Laguna de Zacatal hat eine Fläche von ca. 250 × 1200 m und ist 10 m tief. Laguna Escondida ist ca. 300 × 1500 m groß und 40 m tief. Diese

Rio Antigua, Veracruz, Mexiko: Durch Landwirtschaft, Umweltzerstörung und Fischerei werden die Schildkröten in ihrem Bestand bedroht.
Foto: M. Manjarrez

Seen sind umgeben von tropischem Regenwald, dessen Bäume bis 30 m Höhe erreichen. Das Klima ist feucht und heiß. Die Temperaturen schwanken im Jahresverlauf zwischen 6 und 42 °C, wobei 27 °C das Mittel darstellen. In den Monaten September bis Februar sinken die Temperaturen um ca. 10 °C. Von März bis Mai ist die trockenste Zeit, in der die Laguna Zacatal auch ausgetrocknet ist. Wo sonst Wasser ist, wächst dann Gras. In dieser Phase, auf dem Höhepunkt der Trockenzeit im April und Mai, liegt die Niederschlagsmenge bei 60 mm pro Monat. Auf den Rest des Jahres verteilen sich 4900 mm. Die feuchtesten Monate sind September und Oktober. In derselben Region wurde von VOGT & GUZMAN (1988) die Schildkrötenfauna des Río de Agua Dulce untersucht, ein 5 m breiter und 3 km langer Kanal, der durch einen Mangrovensumpf direkt zum Golf von Mexiko fließt. Das Wasser ist im Unterschied zum Namen des Kanals (agua dulce – Süßwasser) eher brackig und mit Mangroven sowie Wasserpflanzen bewachsen. Die häufigsten Schildkrötenarten sind dort *Kinosternon leucostomum* und *Staurotypus triporcatus*, aber auch die Schmuckschildkröte (*Trachemys scripta*) und die Schnappschildkröte (*Chelydra serpentina*) leben in diesem Kanal. Als Prädator kommt unter anderem das Beulenkrokodil (*Crocodylus moreletii*) in Frage. Die größte ökologische Anpassungsfähigkeit zeigte *Kinosternon leucostomum*, die in permanenten und temporären sowie stehenden und fließenden Gewässern anzutreffen war.

Schlammschildkröten, die sich den gleichen Lebensraum teilen, besetzen verschiedene ökologischen Nischen. Diese können sich natürlich überlappen. So lebt *Kinosternon leucostomum* in der Regel in einer Tiefe von 1–3 m, *Staurotypus triporcatus* hingegen tiefer (MORALE & VOGT, unveröffentlicht, zit. in VOGT & GUZMAN 1988).

Wie oben beschrieben, sind Schlammschildkröten teilweise auch im Brackwasser anzutreffen. Für *Sternotherus odoratus* konnte allerdings festgestellt werden, dass er Brackwasser schlecht verträgt.

1.3.3 Populationsstruktur

Die Populationsdichte der Schlammschildkröten ist je nach Gewässer unterschiedlich hoch. Beispielsweise wurde von MITCHELL (1988) in einem See in Virginia eine Dichte von 194 *Sternotherus odoratus* pro Hektar ermittelt. ERNST (1986) fand in einer kleinen Population in Pennsylvania nur 24 Tiere pro Hektar. In einem kleinen Teich in South Carolina wurden 7,5–21,8 Tiere pro Hektar gefunden (CONGDON et al. 1986). Bei *Sternotherus minor minor* schätzte IVERSON (1982) eine Population in einer Quelle in Florida auf 2,8 Tiere pro Hektar. Von MAHMOUD (1969) wurde ein Vorkommen von *Sternotherus carinatus* aus Oklahoma mit 229 Tiere pro Hektar ermittelt, und von *Sternotherus depressus* in Alabama wurden 28,8 Tiere pro Hektar gefunden (DODD et al. 1988). Von *Kinosternon subrubrum* wurden Bestandsstärken von 22–159,3 Tieren pro Hektar und von *Kinosternon flavescens* 27,9 Tiere pro Hektar bestimmt. Zu einem Großteil setzen sich die Populationen aus adulten Exemplaren zusammen, z. B. bei *Sternotherus odoratus* bis zu 70 % (ERNST 1986). Das Geschlechterverhältnis liegt bei nordamerikanischen Kinosterniden oft zwischen 1:1 und 1:1,75 Männchen zu Weibchen. Bei *Sternotherus depressus* konnte dagegen ein Verhältnis von 1,4:1 bis 2:1 Männchen zu Weibchen festgestellt werden (DODD 1989).

1.3.4 Ernährung

VOGT & GUZMAN (1988) analysierten in ihrer Studie über *Kinosternon leucostomum* auch den Mageninhalt von Tieren dieser Art und *Staurotypus triporcatus* an den verschiedenen Gewässern des Untersuchungsgebietes. 44 *Kinosternon leucostomum* von der Laguna de Zacatal wurden untersucht. In 79,7 % der untersuchten

Tabelle 1 – Mageninhalte (% Vol.) von *Kinosternon leucostomum* in zwei verschiedenen Biotopen nach VOGT & GUZMAN (1988)

Nahrung	Zacatal, N=43		Escondida, N=140	
	% Vol.	% von N	% Vol.	% von N
Insecta – Insekten				
Odonata	6,1	19,4	0,29	2,0
Hemiptera	6,2	20,1		
Lepidoptera	7,9	14,5	0,03	0,7
Orthoptera	8,8	5,2		
Coleoptera				
Larven	1,4	4,6		
Adulte	4,6	6,9	0,03	0,7
Tricoptera	0,1	2,3	0,36	0,7
Homoptera	0,4	2,3	0,03	0,7
Diptera			0,03	0,7
Dermomoptera			0,06	0,7
Hymenoptera			0,09	1,4
unidentifizierte Insekten	0,8	4,6	0,2	3,0
Spinnentiere				
Araneae	0,6	2,3		
Krebstiere				
Decapoda				
Palaemonidae	1,3	4,6	0,6	0,2
Grapsidae	5,2	18,6	0,09	0,7
Gastropoda – Weichtiere			1,3	10,0
Osteichthyes – Knochenfische				
Cyprynodeontiformes			6,8	10,0
Anguiliformes			2,3	2,8
Amphibia – Amphibien				
Anura – Froschlurche	10,3	18,6	2,5	2,5
Reptilia – Reptilien	0,6	2,3	0,1	0,7
Mammalia – Säugetiere	0,3	2,3	0,8	1,4
unidentifizierte Tiere				
Fleisch	5,8	13,9		
Pflanzen				
Ficus glabrata			29,9	51,4
Ficus sp. (Frucht)			11,1	12,8
Piper sp. (Frucht)			0,3	0,7
Pulcheni armata (Frucht)			0,1	0,7
unidentifizierte Früchte und Samen	21,5	41,8	29,1	39,3
frische Blätter und Stängel	6,5	34,8	10,6	36,4
trockene Blätter und Stängel	6,5	34,8	2,9	20,0

Tiere wurden Insekten gefunden; deren Anteil lag bei durchschnittlich 38,5 % der Mageninhalte. Von der Laguna Escondida wurden 140 Exemplare untersucht. Hier konnten lediglich in 15,7 % aller untersuchten Tiere Insekten festgestellt werden; ihr Volumenanteil am Mageninhalt betrug im Durchschnitt 1,3 %. Die Population der Laguna de Zacatal erbeutete 12,2 % Amphibien, die Population der Laguna Escondida nur 2,2 %. Dafür ist der Pflanzenanteil in der Nahrung der Schildkröten der Laguna Escondida mit 89,4 % wesentlich höher als in der Laguna de Zacatal mit 33,5 % (siehe auch Tabelle 1).

Da Mollusken in der Laguna de Zacatal sehr selten sind und Fische überhaupt nicht vorkommen, beschränkt sich das Nahrungsangebot für Schildkröten dort im Wesentlichen auf Insekten, Krebstiere und Amphibien. Als einzige Schlammschildkröte lebt dort *Kinosternon leucostomum*. Sie kann das ganze Potenzial tierischer Nahrung nutzen, da keine direkte Konkurrenz vorhanden ist. Zusätzlich frisst sie auch pflanzliche Nahrung. In der Laguna Escondida hingegen ist Konkurrenz durch *Staurotypus triporcatus*, einen Molluskenspezialisten, und *Trachemys scripta*, einen Gemischtköstler (omnivor) mit großer Neigung zur Pflanzennahrung gegeben. Hier sind zwar Fische und Mollusken vorhanden, dennoch ist der Anteil an pflanzlicher Nahrung bei *Kinosternon leucostomum* deutlich größer. Tabelle 2 zeigt

Tabelle 2 – Mageninhalte (% Vol.) von *Staurotypus triporcatus* in zwei verschiedenen Biotopen nach VOGT & GUZMAN (1988)

Nahrungs-bestandteil	Escondida, N=13		Rio de Agua Dulce, N=6	
	% Vol.	% von N	% Vol.	% von N
Insekten	15,3			
Mollusken	16,1	46,1	6,2	83,3
Fisch	17,3	38,4	4,9	33,3
Früchte/Samen	55,2	38,4	82,1	100

das Verhältnis von pflanzlicher und tierischer Nahrung von Populationen von *Staurotypus triporcatus*.

Vermutlich durch die überwiegende Ernährung mit tierischen Komponenten wächst *Kinosternon leucostomum* in Zacatal schneller. Sie erreicht dort auch größere Endmaße (siehe Tabelle 3), obwohl es sich um ein temporäres Gewässer handelt, in dem die Tiere eine etwa drei Monate andauernde Trockenruhe durchführen. Dies wurde anhand von Wachstumsstreifen auf den Pectoralschilden nachvollzogen. Es ist erwiesen, dass durch viel tierisches Eiweiß ein schnelleres Wachstum der Schildkröten möglich wird. Die Endgröße ist unabhängig davon vor allem genetisch bedingt. Änderungen können nur langsam auch genetisch fixiert werden. Ob dies bei der Population in der Laguna de Zacatal der Fall ist, ist unklar. Auch sind die Eier und Gelege der Schildkröten dort größer als in der Laguna Escondida. Vermutlich haben unterschiedliche Wassertemperaturen (siehe Kapitel 1.3.2, Habitate) und Konkurrenzsituationen einen Einfluss auf Wachstum und

Tabelle 3 – Größenvergleich zwischen zwei Populationen von *Kinosternon leucostomum*

	Zacatal		Escondida	
	Männchen, N=80	Weibchen, N=93	Männchen, N=196	Weibchen, N=140
Carapaxlänge (CL) mm	175 (124–204)	153 (112–184)	145 (96–180)	136 (109–169)
Gewicht g	851 (179–1195)	730 (215–1036)	465 (115–978)	344 (163–801)

Tabelle 4 – Mageninhalte (% Vol.) von verschiedenen Kinosterniden aus Oklahoma (MAHMOUD 1968)

Nahrungs-bestandteil	Sternotherus odoratus		Sternotherus carinatus		Kinosternon subrubrum		Kinosternon flavescens	
	% Vol.	% des Vorkommens	% Vol.	% des Vorkommens	% Vol.	% des Vorkommens	% Vol.	% des Vorkommens
Insekten	46,4	98,3	42,9	91,6	30,4	98,3	27,8	94,7
Krustentiere	5	61,1	2,8	38,7	1,4	15	27,7	99,2
Weichtiere	23,7	96,1	24,3	96,7	31,8	93,1	23,5	93,7
Amphibien	1,1	5,2	2,5	3,1	2,2	30	9,2	91,2
Aas	3,4	37,4	10,6	61,2	11,9	68,6	3,2	13,2
Wasser-pflanzen	20,4	97,4	16,6	88,9	22,3	89,6	8,5	37,2

Endgröße. Immerhin ist *Staurotypus triporcatus* in der Laguna Escondida mit einem Gewicht bis zu 8,5 kg wesentlich größer und schwerer als *Kinosternon leucostomum* und bezüglich der Mollusken ein Konkurrent.

PUNZO (1974) fand 94 % pflanzliche Nahrung im Verdauungstrakt von *Kinosternon flavescens*. Hingegen stellten KOFRON & SCHREIBER (1985) bei derselben Art nur 66 % Pflanzenmaterial fest. In einer Untersuchung an *Staurotypus salvinii* in Chiapas ermittelte DEAN (1980) neben 74,6 % Insekten, Krebsen und Fischen einen Anteil von 23,4 % an Früchten, Samen und Blättern. Mollusken konnte er dagegen nicht nachweisen. Die Art ist zwar ein fakultativer Molluskenspezialist, kommt aber, wenn ihre bevorzugte Beute nicht vorhanden ist, ebenso wie *Staurotypus triporcatus* auch mit anderer Nahrung aus.

VOGT & GUZMAN (1988) vermuten, dass die Wasserpflanze *Diospyros digyna* die Kreuzbrustschildkröte (*Staurotypus triporcatus*) zu ihrer Verbreitung benötigt oder dass diese zumindest begünstigt wird. Der harte Samen passiert unzerstört den Verdauungstrakt und wird so gestreut.

Es kann keine eindeutige Aussage über einen Unterschied in der Ernährung zwischen Männchen und Weibchen bei den meisten untersuchten Arten getroffen werden, obwohl die Schlammschildkröten zu einem auffälligen Geschlechtsdimorphismus in der Kopfgröße tendieren. MAHMOUD (1968) konnte feststellen, dass männliche *Sternotherus odoratus* eine stärkere Vorliebe für Wasserinsekten zeigen, die Weibchen hingegen mehr Schnecken bevorzugen (siehe Tabelle 4).

LALGER (1943) untersuchte *Sternotherus odoratus* und fand in 34,2 % der Tiere Insekten und in 28,3 % Mollusken. Der Anteil an Beutetieren beträgt bei *Sternotherus odoratus* in Florida bis zu 94 % Weichtiere und 38 % Wasserinsekten, je nach Vorkommen. An pflanzlicher Nahrung werden hauptsächlich Wasserpflanzen (99 % der Pflanzenmasse in den Mägen von *Sternotherus odoratus*) der Gattungen *Eichhornia* (Wasserhyazinthen – 8 %), *Nuphar* (Teichrosen – 56 %) und *Vallisneria* (Vallisnerien – 26 %) aufgenommen (BANCROFT et al. 1983 zit. in ERNST et al. 1994). Fadenalgen sind zu 9 % im Nahrungsspektrum vertreten. Den Hauptanteil an Beutetieren macht der Florida-Flusskrebs aus, wenn im gleichen Gewässer *Sternotherus minor minor* fehlt. Ansonsten wird vermehrt andere Nahrung gefressen.

Kinosternon sonoriense frisst nach ERNST et al. (1994) 82 % tierische und 18 % pflanzliche Nahrungsbestandteile.

Allgemein kann festgestellt werden, dass Schlammschildkröten omnivor (allesfressend) sind, mit einer starken Tendenz zu tierischer Nahrung, die bei freier Auswahl immer als Erstes angenommen würde. Pflanzliche Nahrung wird nur als Ausweich- oder Ergänzungsfutter gefressen.

1.3.5 Tagesaktivität

Die Familie Kinosternidae trägt nicht ohne Grund den deutschen Trivialnamen „Schlammschildkröten". Alle Mitglieder führen eine versteckte Lebensweise. Die meist düsteren Farben unterstützt den Tarneffekt. Nur selten sonnen sich die Tiere, und wenn dann vor allem trächtige Weibchen. Schlammschildkröten sind auch keine ausdauernden Schwimmer, sondern laufen mehr am Boden der Gewässer entlang. Diese Schildkröten sind überwiegend dämmerungs- und nachtaktiv. Den größten Teil des Tages verbringen sie am Grund der Gewässer oder im Bodenschlamm vergraben. Es gibt aber auch Ausnahmen. GUNTERMANN (mdl. Mittlg.) konnte in Florida *Sternotherus minor minor* tagsüber sehr agil auf Beutesuche beobachten. Es gibt zwei Aktivitätsschwerpunkte: Untersuchungen von MAHMOUD (1969) und ERNST (1986) in Oklahoma und Pennsylvania zeigten, dass *Sternotherus odoratus* in den Monaten April bis September morgens von 4.00 bis 11.00 Uhr und abends von 17.00 bis 21.00 Uhr die größten Aktivitäten entwickelte. Der Aktivitätszeitraum kann sich aber je nach Temperatur und Jahreszeit verschieben. Während der kalten Jahreszeit lag die Hauptaktivität zwischen 10 und 16 Uhr.

1.3.6 Jahresaktivität

Bei ihrer Studie über eine Population von *Kinosternon leucostomum* stellten VOGT &

GUZMAN (1988) fest, dass nach dem Absinken des Wasserspiegels im März die Tiere den See verlassen und sich in den umliegenden Wald begeben. Es kommt zu häufigen Überlandwanderungen, um andere Gewässer zu erreichen oder günstige Orte zur Trockenruhe aufzusuchen. Die Forscher beobachteten, dass sich die Schildkröten unter Steinen, umgefallenen Bäumen und in die Laubschicht an Baumwurzeln eingraben. Durch Magenspülungen stellten sie fest, dass die Tiere in dieser Zeit keine Nahrung aufnehmen. Die Ästivation wird im Juni beendet, wenn der See sich durch die Regenfälle wieder füllt. Die Laguna Escondida hat eine permanente Wasserversorgung durch den Río Cardenas. Dort sind die Populationen von *Kinosternon leucostomum* und *Staurotypus triporcatus* nicht gezwungen, eine Trockenruhe einzulegen. Sie sind im ganzen Jahr aktiv. Synök (gemeinsam im selben Kleinhabitat) kommt hier *Trachemys scripta* vor.

Mit dem Einsetzen der Regenzeit verbessert sich das Nahrungsangebot durch eine Vielzahl von Insektenlarven. Je nach Breitengrad beginnt nun die Paarungszeit der Schlammschildkröten.

Kinosternon scorpioides scorpioides bei einer Wanderung über Land (Chaco, Paraguay)
Foto: S. & T. Vinke

Sie beschränkt sich im tropischen Verbreitungsgebiet der Kinosternidae meist auf die Monate Juni bis Februar. Die Eiablage erfolgt in der Regel zwischen September und Februar, also zu Beginn der Trockenzeit. Die Jungtiere schlüpfen nach ca. 100–200 Tagen zur nächsten Regenzeit.

Im Allgemeinen kann festgestellt werden, dass die tropischen Arten, sofern noch Wasserstellen vorhanden sind, ganzjährig aktiv sind.

Der Jahresverlauf der nordamerikanischen Arten (*Sternotherus odoratus*, *Sternotherus minor*, *Sternotherus depressus*, *Sternotherus carinatus*, *Kinosternon baurii*, *Kinosternon subrubrum* und teilweise *Kinosternon flavescens*, *Kinosternon hirtipes*, *Kinosternon sonoriense*) wird vom Wechsel von Sommer und Winter geprägt.

Im Süden des Verbreitungsgebietes können diese Arten ganzjährig aktiv sein. Im Norden sind sie dagegen gezwungen, eine Winterruhe einzulegen. In Michigan, Ohio und Teilen Pennsylvanias sind sie von April bis Oktober ca. 200 Tage aktiv. In Oklahoma wird die Aktivität lediglich von Dezember bis Februar eingeschränkt, hier sind sie ca. 330 Tage im Jahr aktiv (VETTER, H. & S. ANTENBRINK-VETTER (1998).

Zur Winterruhe vergraben sich die Tiere im Bodengrund ihres Gewässers oder am Ufer unter Baumstümpfen, Felsen und in Bauten von Bisamratten. CAGLE (1942) beobachtete *Sternotherus odoratus*, die dicht unter der Wasseroberfläche überwinterten, sodass sie nur den Kopf zum Atmen heben mussten. Bei Temperaturen unter 10–12 °C graben sich die Tiere ein. An günstigen Stellen kommt es zu größeren Ansammlungen von überwinternden Schildkröten. Am Buckeye-See (Ohio) wurden im Bodenschlamm eines Kanals auf einer Fläche von 14 × 1,8 m ca. 450 *Sternotherus odoratus* in 30 cm Tiefe gefunden (THOMAS & TRAUTMAN 1937).

1.3.7 Fortpflanzungsverhalten

Bei den Schlammschildkröten gibt es kein so ausgeprägtes Balzverhalten wie bei den Wasserschildkröten-Gattungen *Trachemys*, *Pseudemys* und *Chrysemys*. Die einzige Ausnahme ist *Kinosternon hirtipes*, bei der die Männchen eine richtige Balz durchführen. Hierbei unterschwimmt das Männchen seine Partnerin und berührt ihre Kehle mit seiner Nase. Normalerweise spielen olfaktorische (geruchliche) Reize eine entscheidende Rolle: Das Schlammschildkröten-Männchen bemerkt das Weibchen ohne es zu sehen schon geruchlich durch „Wasserkauen". Mit dem „Zufächern" von Geruchsstoffen macht das Männchen dann seinerseits auf sich aufmerksam. In der Regel flüchtet das Weibchen und wird vom Männchen verfolgt. Durch Bisse in die vorderen Extremitäten und in Richtung Kopf versucht es, das Weibchen zu stellen. Gelingt dies, reitet das Männchen auf und vollzieht die Kopulation. Dabei bewegen die Männchen bei einigen Arten ihren Kopf weit ausgestreckt vor dem zurückgezogenen Kopf der Weibchen pendelnd hin und her.

Balz- und Paarungverhalten werden nach MAHMOUD (1967) bei *Sternotherus odoratus* in drei Phasen unterteilt:

»1. Die Berührungsphase: Hierbei nähert sich das Männchen mit vorgestrecktem Kopf von hinten einer anderen Schildkröte. Es beschnuppert die Analregion, um das Geschlecht festzustellen. Bei einem Männchen wird daraufhin die Balz abgebrochen. Handelt sich es um ein Weibchen, wird anschließend die Brücke mit der Nase berührt und beschnuppert. Wenn das Weibchen paarungsbereit ist, bleibt es ruhig sitzen, ansonsten läuft es weg. Oft wird das Weibchen dann aber vom Männchen verfolgt. Dabei versucht es, mit weit vorgestrecktem Kopf seiner potenziellen Partnerin in die Kopfregion zu beißen, um sie an der weiteren Flucht zu hindern. Beendet daraufhin das Weibchen die Flucht, kommt es in der Regel zur Paarung. Die 1. Phase dauert normalerweise zwischen einigen Sekunden und drei Minuten.

»2. Das Aufreiten und das Einführen des Penis: Das Männchen reitet von hinten oder von der Seite auf seine Partnerin auf. Es klammert sich mit den Füßen am Carapaxrand des Weibchens fest. Daraufhin umfasst es mit den Haftpolstern eines Hinterbeines den Schwanz des Weibchens, während sein anderes Hinterbein gebeugt ist. Diesen Griff behält es während der gesamten Kopulation bei. Mit dem Hornnagel seines Schwanzes berührt es den Kloakenrand seiner Partnerin, um so den Kloakenkontakt herzustellen. Anschließend wird der Penis eingeführt. Das Männchen streckt den Kopf weit heraus und berührt Kopf und Hals des Weibchens. Diese Phase dauert ca. fünf bis zehn Sekunden.

»3. Das Beißen und Reiben: Dabei reibt das Männchen mit weit ausgestrecktem Kopf den Kopf des Weibchens bzw. versucht durch Bisse in die Kopfregion, das Weibchen an der Flucht zu hindern.

Paarung von *Kinosternon leucostomum postinguinale* – 2. Phase: Aufreiten und Einführen des Penis
Foto: M. Schilde

Paarung von *Kinosternon leucostomum postinguinale* – 3. Phase: Reiben und Beißen   Foto: M. Schilde

So oder ähnlich verlaufen bei allen Kinosterniden Balz und Paarung.

Es können bis zu drei Gelege im Abstand von ein bis zwei Monaten erfolgen, wobei die nördlichen Populationen häufig nur ein Gelege produzieren. Von einigen Arten können Daten zur Gelegehäufigkeit aus Tabelle 5 entnommen werden. Alle Kinosterniden-Eier sind oval mit einer festen, glatten und weißen Kalkschale. Bei HENNIG (2000) erfolgte nach 19 Tagen schon ein Zweitgelege von *Sternotherus carinatus*. Die Nistgruben werden entweder selbst im Bodengrund gegraben, oder die Eier werden einfach zwischen die Vegetation gelegt. Meist werden Laub und verrottendes Pflanzenmaterial dafür genutzt. Von z. B. *Kinosternon baurii* ist aber auch bekannt, dass Gelege in Alligatornestern abgesetzt werden. Die Weibchen entfernen sich zur Eiablage z. T. erstaunlich weit vom Wasser. So wurden Nester von *Kinosternon flavescens flavescens* zwischen 21 und 191 m vom Gewässer entfernt gefunden (IVERSON 1990). Je nach Art werden zwischen ein und zehn Eier pro Gelege abgesetzt. Die Größe des Weibchens korreliert in der Regel mit der Anzahl der Eier. Daten zu Eiern von

Tabelle 5 – Geschlechtsreife, Gelegeanzahl und Gelegegröße von einigen Schlammschildkröten

Art	Geschlechtsreife (mm CL)		Legesaison	Gelege-größe	Anzahl der Gelege	Vorkommen	Quelle
	Weibchen	Männchen					
C. angustatus	89	98	Nov.–Feb.	2(1–6)	1–2	Veracruz	FLORES-VILLELA & ZUG (1995)
K. subrubrum	80	80	Mai–Juni	1–8		Oklahoma	MAHMOUD (1969)
K. alamosae	100		Juli–Aug.	4(3–5)	1–?2	Sonora	IVERSON (1989a)
K. herrerai	116			2–4	mehrere	Tamaulipas	CARR & MAST (1988)
K. hirtipes	95–100		Mai–Sept.	3(1–6)	mehrere	Chihuahua	IVERSON et al. (1991)
K. l. postinguinale	102	118	Ganzjährig	1(1–2)	mehrere	Panama	MOLL & MOLL (1990)
K. l. leucostomum				2,7 (1–5) N=46		Laguna Zacatal	VOGT & GUZMAN (1988)
				1,4 (1–3) N=16		Laguna de Escondida	VOGT & GUZMAN (1988)
K. sonoriense	93	76–82	Mai–Sept.	1–11		Tule Stream, Arizona	HULSE (1982), ERNST et al. (1994)
S. odoratus	66		Mai–Juli	3(1–5)	2–4	Alabama	MCPHERSON & MARION (1981)
				3,25 (2–5)		Pennsylvania	EDGREN (1956), ERNST (1986)
	57		Feb.–Juli	3,2		Florida	IVERSON (1977), ERNST et al. (1994)
S. carinatus	100	100–120		2–5	2		ERNST et al. (1994)
S. minor minor	80	55–60		3(1–5)		Florida	ETCHBERGER & STOVALL (1990)
S. depressus	70–75	60–65	Juni–Juli	2			CLOSE zit. in MOUNT (1981), DODD et al. (1988)

Tabelle 6 – Eimaße von verschiedenen Schlammschildkröten

Art	Vorkommen	Eilänge mm	Eibreite mm	Eigewicht g	Quelle
K. l. leucostomum	Laguna Zacatal			7,0–12,4 (9,6) N=124	VOGT & GUZMAN (1988)
	Laguna de Escondida			6,7–10,6 (8,2) N=23	VOGT & GUZMAN (1988)
S. odoratus	Pennsylvania	22–31 (27)	13–17	3–5 (4,1)	EDGREN (1956)
S. minor		21,2–32,8	12,7–20,0	1,97–6,70	ERNST et al. (1994)
S. depressus		31,3–33,1	15,7–16,1	5,5–6,0	DODD et al. (1988)
S. carinatus		24–31	14,4–18,0		BECKER (1992)
C. angustatus	Papaloapan River, Veracruz	26,4–33,8 (30,5) N=130	16,2–19,7 (17,5)	4,3–7,9 (6,0)	FLORES-VILLELA & ZUG (1995)
K. f. flavescens	Oklahoma	22,7–31,4	14,1–18,3	3,0–5,8	IVERSON (1991)
K. f. arizonaense	Arizona	29,9–35,2	16,2–19,5	5,8–6,8	IVERSON (1989)
K. sonoriense		28–35	13,8–19,0	4,2–5,6	IVERSON (1992)
K. hirtipes	Mexiko	24,2–33,2	14,6–18,6	3,8–6,6 (4,8)	IVERSON et al. (1991)
K. subrubrum	Oklahoma	22,0–32,3	12,8–18,0	3,0–4,9	CONGDON & GIBBSONS (1983)
K. baurii		22,8–32,8	13,6–19,3	3,3–5,3	IVERSON (1979); PRASCHAG (1983)

einigen Arten können der Tabelle 6 entnommen werden. Weitere Daten zur Inkubationsdauer werden bei den jeweiligen Artbeschreibungen angegeben.

Eier von *Kinosternon scorpioides scorpioides*, *Kinosternon cruentatum*, *Claudius angustatus* (von links nach rechts). Die Eier unterscheiden sich je nach Art in Größe und Form.　　　Foto: M. Schilde

Gelege von *Claudius angustatus*. Die Eier sind untereinander durch eine dünne Schicht Substrat getrennt.　　　Foto: M. Schilde

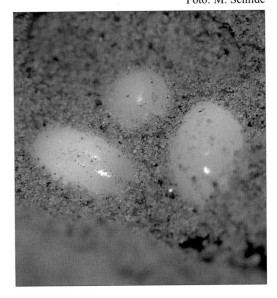

1.4 Pflege von Schlammschildkröten

1.4.1 Das Aquaterrarium

Da es sich bei Schlammschildkröten um amphibisch lebende Reptilien handelt, kommt zur Haltung nur ein Aquaterrarium in Frage. Am geeignetsten ist die Verwendung eines handelsüblichen Aquariums, wie man es im Zoohandel oder in Bau- und Gartenmärkten in großer Auswahl und zu günstigen Preisen erhält. Man kann es durch Einbauten, z. B. in Glasklebetechnik (Abteilungen, Konsolen) leicht selbst „umbauen".

Obwohl die Schlammschildkröten stark an das Wasser gebunden sind, benötigen sie dennoch einen kleinen Landteil zum Sonnenbaden und für die Eiablage. Vor allem die trächtigen Weibchen einiger Arten nutzen den Landteil zum Sonnenbad – *Sternotherus odoratus* und *Kinosternon cruentatum* konnte ich oft dabei beobachten, andere Arten nie. Individuelle Verhaltensunterschiede sind aber zu berücksichtigen. Deshalb empfehle ich zumindest am Anfang, einen kleinen Strahler über dem Landteil anzubringen. Falls er nie (auch nicht zur Eiablage) beachtet wird, kann er wieder entfernt werden,

sofern die Temperatur ausreichend ist (siehe unten). Im Gegensatz dazu gibt es viele Tiere, die nachts auf dem Landteil umherwandern oder auch dort schlafen. Gelegentlich wird der Landteil auch zur Trockenruhe genutzt. Dabei gräbt sich die betreffende Schildkröte völlig im Bodensubstrat ein.

In Behältern, in denen sich Jungtiere oder einzeln gehaltene Männchen befinden, können Wurzeln oder Steine so verankert werden, dass sie bis über die Wasseroberfläche reichen. Sie sollten von den Schildkröten leicht zu erklettern sein. Es lassen sich aber auch horizontal eingeklebte Glasscheiben als Landteile bzw. Sonnenplatz verwenden. Da solche „Abtrocknungs-Plätze" auch eine wichtige hygienische Bedeutung gegenüber vielen aquatischen Mikroorganismen haben, dürfen sie nicht fehlen. Eine zweite Glasscheibe wird als „Leiter" schräg zur horizontalen nach unten angesetzt. Diese Scheiben müssen dann z. B. mit Kunstrasen oder Kork beklebt werden, um den Tieren Halt zu geben.

Für Terrarien mit adulten Weibchen ist es angebracht, einen festen Landteil zu installieren. Es gibt mehrere Möglichkeiten: Die praktischste und haltbarste Variante besteht im Einkleben von Glasscheiben. Dazu wird eine Glasscheibe auf die lichte Breite des Aquariums geschnitten und so zwischen Vorder- und Rückwand eingeklebt, dass man das Becken in einen Land- und einen Wasserbereich unterteilt. Lässt man diese Trennwand nicht bis auf den Boden reichen und versieht den Landteil mit einer separaten Bodenplatte, kann der so gewonnene

Terrarienanlage für *Kinosternon*-Männchen   Foto: M. Schilde

Platz darunter von den Schildkröten als Versteck und Schwimmraum genutzt werden. Die Breite des Landteils richtet sich nach der Tiefe des Terrariums. Eine Länge von 20 cm und eine Höhe von 15 bis 20 cm sind ausreichend. Natürlich sind die erforderlichen Maße abhängig von der gepflegten Art und z. B. für *Staurotypus* entsprechend größer zu dimensionieren. Eine weitere schräg eingeklebte Scheibe mit Kunstrasenbelag dient den Schildkröten wie oben beschrieben als Aus- und Einstieg.

Kinosternon subrubrum hippocrepis in einem gut strukturierten Aquaterrarium
Foto: A. Mende

Als Substrat für den Landteil sind Sand oder ein Gemisch aus Blumenerde bzw. Torf und Sand zu empfehlen. Normalerweise sind die Weibchen recht anspruchslos, was die Qualität des Bodengrundes und Wahl des Ablageplatzes betrifft.

Neben dem Landteil sind noch Versteckmöglichkeiten im Wasser zu schaffen. Dazu können verschiedene Moorkienwurzeln, Steinholz, Steine und Plastikpflanzen verwendet werden.

Zum einen dienen sie der Deckung und dem Schutzbedürfnis der Tiere, zum anderen erreichen die Schildkröten leichter die Wasseroberfläche zum Atmen. Auch sollte der Wasserstand je nach Art die richtige Höhe besitzen, für die *Kinosternon*- und *Sternotherus*-Arten z. B. ca. 15–20 cm bei erwachsenen Tieren. Obwohl andere Halter auch mit höheren Wasserständen gute Erfahrungen gemacht haben, ist es ratsam, vor allem bei nicht eingewöhnten Tieren auf

Abb. 5: Terrarium mit einfachem Landteil

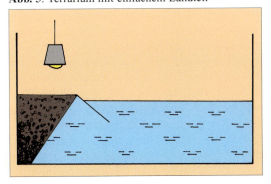

Abb. 6: Terrarium mit einem Landteil, der unterschwommen werden kann

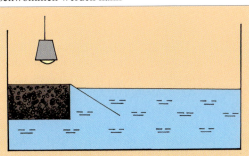

dieses Experiment zu verzichten. Bei mir ertranken schon *Kinosternon acutum* und *Sternotherus minor minor* in 15 cm tiefem Wasser, als sie neu in das Terrarium eingesetzt wurden. Schlammschildkröten sind keine ausdauernden Schwimmer, sondern laufen lieber auf dem Boden umher. Deshalb sollte auf einen Aquariengrund nicht verzichtet werden. Eine dünne Schicht Sand oder Kies reicht aus. Durch die gelegentlichen nächtlichen Aktivitäten auf dem Landteil wird von den Tieren automatisch Substrat in das Wasser gebracht, sodass in kurzer Zeit eine ansehnliche Bodenschicht entsteht. Sand ist Kies vorzuziehen, da einige Tiere doch zum häufigen Schlucken von Steinen neigen, sei es, um einem möglichen Mineralstoffmangel vorzubeugen (s. Kapitel 1.4.4 Fütterung) oder sie zur Nahrungszerkleinerung („Mahlsteine") im Magen zu nutzen. Dies kann bis zu einem Darmverschluss führen. Im Bodensubstrat wird auch nach Futter gegraben. Außerdem dient er manchmal als Versteckplatz.

1.4.2 Technik

Wie bereits erwähnt sind Schlammschildkröten von Natur aus keine Sonnenanbeter wie beispielsweise Schmuck-, Zier- oder Höckerschildkröten. Abgesehen von trächtigen Weibchen, die gelegentlich bei einem Sonnenbad anzutreffen sind, meiden diese Schildkröten sogar häufig direkte Sonneneinstrahlung und verstecken sich tagsüber. Das kommt einer Terrarienhaltung dahingehend entgegen, dass auf umfangreiche Beleuchtungsinstallationen verzichtet werden kann. In der Regel genügen Leuchtstoffröhren. Bei Bedarf können zur Erhöhung der Haltungstemperatur Reflektorstrahler eingesetzt werden. Um Erkältungskrankheiten zu verhindern, muss die Lufttemperatur mindestens 2 °C über der Wassertemperatur liegen. Falls das durch die Umgebungstemperatur nicht gewährleistet wird, sollte auf jeden Fall ein dementsprechend dimensionierter Strahler installiert werden.

Die Tiere weichen hellem Licht meistens aus. Aufgrund ihrer Lebensweise kann man in der Regel auf eine UV-Bestrahlung selbst bei der Jungtieraufzucht verzichten. Man sollte aber abwechslungsreich und mit einem ausreichenden Maß an Mineralstoffen sowie Vitaminen füttern (siehe Kapitel 1.4.4 Fütterung).

Für die nordamerikanischen Arten ist keine Heizung erforderlich, wenn das Terrarium in einem Wohnraum aufgestellt wird. Die Temperaturen sollten von 20–30 °C in der Aktivitätsperiode von Februar bis November variieren, wobei durch die jahreszeitliche Schwankung die Temperaturen im zeitigen Frühjahr und Spätherbst am niedrigsten sind. Die Beleuchtung sollte ausreichen, um diesen Temperaturbereich zu halten. Durch Abschalten der Beleuchtung fällt die Temperatur nachts um einige Grad ab. Dies entspricht den natürlichen Gegebenheiten und wirkt sich positiv auf die Vitalität der Tiere aus. Im Sommerhalbjahr sollte die Beleuchtungsdauer ca. 14 Stunden betragen. Zum Ende der Aktivitätsperiode hin muss sie schrittweise reduziert werden, bis sie zur Winterruhe gänzlich abgeschaltet wird. Dadurch wird auch die Tagestemperatur langsam reduziert.

Bei den mittel- und südamerikanischen Arten muss der Temperatur größere Beachtung geschenkt werden. Temperaturen zwischen 25 und 30 °C sind optimal. Keinesfalls dürfen sie für längere Zeit unter 20 °C sinken, da sich die Tiere sonst eine Erkältung zuziehen können. Wenn die Raumtemperatur nicht ausreichend ist, sollte das Wasser mit einem Aquarienheizstab erwärmt werden. Dieser muss vor dem Zerbeißen durch die Schildkröten geschützt werden. Bei mir hat ein männlicher *Staurotypus triporcatus* einen 30-W-Heizstab vollständig zerteilt. Das Tier war zu dem Zeitpunkt 18 cm groß. Der Zwischenfall verlief zum Glück ohne Komplikationen für Tier und Halter, obwohl der Heizstab unter Strom stand. Um die Heizstäbe zu schützen, stecke ich sie nun in dicke Kunststoffschläuche. Man kann sicher auch Kunststoffrohre aus dem Klempnerbedarf nutzen, oder man verwendet Außenfilter mit integrierter Heizung. Alle elektrischen Leitungen sollten ebenfalls vor dem Zubeißen der Tiere geschützt werden. Selbst Kabel für Innenfilter sind schon zerbissen worden. Es sollten auch nur Thermometer zum Aufkleben benutzt werden, da die üblichen Aquarien-Glasthermometer von einigen Tieren mit einer willkommenen Abwechslung im Speiseplan verwechselt werden könnten.

Es ist Ansichtssache, ob man das Wasser im Aquaterrarium filtert oder nicht. Die handelsüblichen Außen- und Innenfilter sind für eine mechanische Reinigung gut geeignet. Die Filterung erfolgt mit Keramikgranulat oder Kunststoffschwämmen, die nicht zu kleinporig sein sollten. Für kleinere Aquaterrarien reichen Innenfilter aus. Bei größeren Behältern mit dementsprechenden Bewohnern sind Außenfilter ratsam, damit es zu keiner Beschädigung durch die Tiere kommen kann. Da normal dimensionierte Filter aber nur die Schwebeteilchen aus dem Wasser filtern, kommt man nicht um einen regelmäßigen (wöchentlich oder vierzehntägig, abhängig von Behältergröße, Tierbesatz und Futtermenge) Wasserwechsel herum. Die Häufigkeit und Menge ist natürlich vom Besatz abhängig. Bei Jungtieren während der Aufzucht muss das Wasser häufiger gewechselt werden, da eine hohe Nitratbelastung zur Verlangsamung des Wachstums bis hin zum völligen Stillstand führen kann. Eingesetzte Blumentöpfe mit *Cyperus*-Gras können die Nitratkonzentration ebenfalls deutlich senken.

1.4.3 Verhalten im Terrarium

Schlammschildkröten gehören neben den Weich- und Alligatorschildkröten zu den aggressivsten Schildkröten. Somit ist vor allem beim Umgang mit den größeren Arten Vorsicht geboten. Mehrere Männchen kann man in der Regel nicht zusammen halten. Sie würden sich letztendlich totbeißen. Selbst eine gemeinsame Haltung von Männchen verschiedener Arten ist nicht möglich. Auch kommt es – von Art zu Art unterschiedlich – zu inter- und intraspezifischen Aggressionen. So sind z. B. *Sternotherus odoratus* gut in Gruppen von 1,3 (ein Männchen, drei Weibchen) haltbar. Ich konnte sogar 2,4 gut zusammen pflegen, ohne dass es zwischen den Männchen zu Angriffen kam. Hingegen konnten bei *Sternotherus minor minor* und *Sternotherus carinatus* nicht einmal Weibchen in einem Aquaterrarium gemeinsam untergebracht werden. Natürlich gibt es hier individuelle Unterschiede: In einigen Fällen ist theoretisch eine paarweise Haltung möglich, ratsamer aber ist dennoch eine strikte Einzelhaltung. Die Männchen sind sehr paarungswütig und würden das Weibchen zu sehr stressen.

Generell hat sich eine Einzelhaltung der Männchen gut bewährt. Die Weibchen werden nur zur Verpaarung in das Aquaterrarium des Männchens gesetzt. Durch die konsequente Trennung der Geschlechter wird eine nahezu hundertprozentige Befruchtungsrate erreicht, die Paarungsbereitschaft der Weibchen ist höher, die Tiere sind keinem Stress ausgesetzt, und die Verletzungsgefahr ist gering.

Bei verschiedenen Arten kann man die Weibchen in Gruppen halten, so z. B. *Kinosternon leucostomum*, *Kinosternon cruentatum*, *Kinosternon flavescens*, *Kinosternon baurii*, *Kinosternon scorpioides*, *Sternotherus odoratus* und *Staurotypus triporcatus*. Diese Arten pflege ich in „Weibchengruppen". Dabei sind die individuellen Unterschiede zu beachten und gegebenenfalls einzelne aggressive Tiere aus der Gruppe zu entfernen. Es können auch „gemischte" Weibchengruppen unterschiedlicher Arten gepflegt werden. Man muss seine Tiere aber regelmäßig beobachten, um bei Unverträglichkeiten schnell reagieren zu können! Um Bastardisierungen zu vermeiden, sollten nur die Weibchen zu den Männchen gesetzt werden und nicht einzelne Männchen in eine „gemischte" Weibchengruppe.

Gegenüber anderen Wasserschildkrötenarten sind Schlammschildkröten besser verträglich als untereinander, aber auch hier sollte man Vorsicht walten lassen und die Tiere genau beobachten. Kleinere Arten wie *Sternotherus odoratus* sind gut in Gemeinschaft mit kleineren Schmuckschildkröten zu pflegen. Wehrhaftere und größere Arten wie *Staurotypus* sp. oder *Claudius angustatus* sollten keinesfalls mit anderen Arten zusammen gehalten werden – auch nicht mit Geier- oder Schnappschildkröten, welche die „passende" Größe hätten!

1.4.4 Fütterung

Wie aus dem Kapitel über die Lebensweise ersichtlich, sind Schlammschildkröten vorwiegend carnivore (fleischfressende) Tiere. Viele Arten sind von Natur aus Molluskenfresser. Sie lassen sich einfach mit Gehäuseschnecken und Regenwürmern ernähren, die ein überaus wertvolles Futter darstellen. Durch sie ist eine optimale Versorgung mit Mineralstoffen und Vitaminen gewährleistet. Des Weiteren können die Schildkröten mit Mäuse- und Rattenbabys sowie handelsüblichem Trockenfutter für Schildkröten ernährt werden. Das Trockenfutter sollte aber nur gelegentlich gereicht werden, da eine „natürliche" Ernährung für das Wohlbefinden der Tiere vorteilhaft ist. Auch Rinderherz, Katzentrockenfutter, Katzennassfutter und Hundefutter sowie Stinte (kleine Fische, als Frostfutter im Aquaristikhandel angeboten) werden sehr gern angenommen. Dieses Futtersorten müssen bei häufigerer Gabe regelmäßig mit Mineralstoffmischungen aufgewertet werden. Um die Tiere optimal zu versorgen – vor allem trächtige Weibchen sind hier anspruchsvoller –, sollte dem Futter Kalzium beigemischt werden. Dies kann in Form von zerstoßenen Hühnereierschalen oder „Sepiaschalen" geschehen. Schlammschildkröten sind aufgrund ihrer Lebensweise im Allgemeinen unempfindlich gegenüber Knochenstoffwechselstörungen wie Rachitis. Eine Ausnahme bilden trächtige

Weibchen. Wenn sie mehrere Gelege im Jahr produzieren, kann es zu einem Kalziumdefizit kommen. Dies musste ich bei einem Weibchen von *Sternotherus odoratus* erfahren, das zu einer „Überproduktion" von Eiern neigte. Zu dieser Mineralstoffwechselstörung kommt es bei Reptilien durch Mangel an UV-Licht bzw. Vitamin D_3 und einen Mangel an Kalzium durch ein falsches Kalzium-Phosphor-Verhältnis in der Nahrung. Da aber UV-Licht bei Schlammschildkröten wenig Bedeutung hat, sollte man seine Tiere vor allem abwechslungsreich ernähren und dabei, wie gerade erwähnt, auf ausreichend Kalzium in der Nahrung achten. Dann kann auf zusätzliche Vitamingaben sogar größtenteils verzichtet werden. Mit Vitaminen sollte ohnehin vorsichtig umgegangen werden, da sich zu reichliche Anwendung negativ auf die Gesundheit der Tiere auswirken kann.

Bei der Fütterung sind auch die Naturschutzbestimmungen zu beachten. Beispielsweise Laich oder Quappen einheimischer Amphibienarten dürfen nicht verfüttert werden.

Zusätzlich sollte man versuchsweise pflanzliche Nahrung anbieten. Manche Tiere akzeptieren sie, andere überhaupt nicht. Falls sie angenommen wird, sollte sie auch regelmäßig dargeboten werden. Es können Löwenzahn, verschiedene Arten von Salat und Obst gegeben werden. Schlüpflinge und Jungtiere werden anfangs täglich gefüttert, nach etwa einem Jahr jeden zweiten Tag. Erwachsene Tiere bekommen nur zwei- bis dreimal pro Woche Futter.

1.4.5 Haltung und Zucht
1.4.5.1 Winterruhe, Verpaarung und Eiablage
Wenn eine Zuchtgruppe von Schlammschildkröten gehalten werden soll, ist es wie oben erwähnt günstig, die Männchen einzeln in Behältern unterzubringen und verträgliche Weibchen in einer Gruppe zu pflegen.

Die Arten aus dem nördlichen Verbreitungsgebiet sollten überwintert werden. Dazu wird die Temperatur im Herbst durch die allmähliche

Reduzierung der Beleuchtungsdauer gesenkt. Das kann über zwei Wochen geschehen, bis das Licht schließlich ganz abgeschaltet wird. Arten wie *Sternotherus odoratus* und *Kinosternon subrubrum subrubrum* können dann bei ca. 5–10 °C überwintert werden. Die Überwinterung kann im Wasser oder an Land erfolgen, jeweils in einem separaten Behälter. Bei der Winterruhe im Wasser sollte etwas Kochsalz (2 g/l) zur Stabilisierung des Elektrolythaushaltes und Schwarzer Tee zur Pilzvorbeugung zugegeben werden. Bodengrund ist dabei nicht erforderlich, aber Zierkork, Steine und Ähnliches sollten sowohl zur Deckung als auch zum Ausstieg eingebracht werden. Überwintert man die Tiere an Land, wird ein Behälter mit Walderde oder Rindenhumus sowie einer Laubschicht gefüllt und leicht feucht gehalten. Die Schildkröten vergraben sich im Substrat. Ich überwintere meine Tiere immer im Wasser und hatte bis jetzt nie Verluste. Zwei bis drei Monate Ruhezeit reichen aus. Da man meistens nicht die genaue Herkunft seiner Tiere kennt und die Verbreitungsgebiete von Kanada bis in die südlichen USA reichen, kann die Überwinterung auch wie folgt durchgeführt werden: Man lässt die Schildkröten nach dem Abschalten der Beleuchtung im Aquaterrarium. Die Wassertemperatur sollte zwischen 15 und 18 °C liegen. Bei dieser Form der Überwinterung muss gelegentlich etwas Nahrung gereicht werden, da die Tiere noch aktiv sind. Sie ist für *Sternotherus minor*, *Sternotherus carinatus*, *Kinosternon baurii* und *Kinosternon flavescens* geeignet. Um die Ruhezeit zu beenden, wird die Temperatur langsam wieder erhöht. Tiere, die nicht in ihrem Behälter überwintert wurden, werden aus ihrem Winterquartier geholt und ins Aquaterrarium zurückgesetzt. Anschließend wird die Beleuchtungsdauer wieder schrittweise erhöht, bis sie 14 Stunden beträgt. Eine Wassertemperatur von 22–25 °C ist ausreichend. Nach der Winterruhe werden die Weibchen einzeln zur Verpaarung zum Männchen gesetzt. Anschlie-ßend werden die Tiere wieder getrennt. Nach ca. vier Wochen kommt es zur Eiablage.

Die mittel- und südamerikanischen Arten werden das ganze Jahr bei gleichbleibenden Temperaturen von 25–30 °C gehalten. Kleinere Temperaturschwankungen sind dabei möglich. Die Beleuchtungsdauer sollte ca. 12 Stunden täglich betragen. Da die meisten tropischen Arten ihre Gelege in unserem Winterhalbjahr absetzen, werden sie Ende Juli oder Anfang August zusammengesetzt, damit sie sich verpaaren. Ab September beginnen dann die Weibchen mit der Eiablage. Die Weibchen stellen meistens keine großen Ansprüche an den Landteil für Eiablage. Alle von mir nachgezogenen Arten haben die relativ kleinen und mit Sand gefüllten Landteile problemlos akzeptiert. In Abständen von je etwa einem Monat werden bis zu drei Gelege abgesetzt. In Ausnahmefällen können auch bis zu sechs Gelege im Jahr produziert werden. Solche hohen Zahlen scheinen aber nur bei Terrarientieren vorzukommen (siehe auch Tabelle 5, Seite 26). Die Gelege, die im Durchschnitt zwei bis vier Eier umfassen, werden in einen Inkubator überführt.

1.4.5.2 Inkubation

Gute Erfahrungen bei der Zeitigung von Schildkröteneiern wurden mit einem Inkubator nach BUDDE (1980) gemacht. Der Brutapparat lässt sich leicht aus einem herkömmlichen Aquarium selbst bauen. Dazu wird in das Becken auf halber Höhe eine Glasscheibe als Steg eingeklebt. Darauf werden dann z. B. Grillendosen gestellt, welche die Eier aufnehmen. Die Behälter werden mit Substrat, z. B. Vermiculit, Sand oder Torf, gefüllt. Der Gasaustausch erfolgt durch Poren in der Kalkschale der Eier. Dieser kann jedoch durch Wasser oder zu kompaktes Substrat eingeschränkt werden. Deshalb ist auf luftdurchlässiges, leicht feuchtes Brutsubstrat zu achten. Vermiculit hat sich für die Inkubation von Wasserschildkröteneiern bestens bewährt. Das Substrat muss auch nicht

Abb. 7: Aufbau des Inkubators

steril sein, da gesunde Eier genügend Abwehr-kräfte besitzen. Es schimmeln nur Eier, die abgestorbene Embryonen enthalten oder unbefruchtet sind.

Der Inkubator wird bis unter den Glassteg mit Wasser aufgefüllt. Dieses wird mit einem thermostatgesteuerten Aquarienheizer erwärmt. Da es auch im Inkubator ein Temperaturgefälle gibt, wird der Temperaturfühler des Thermostaten in einen der Eierbehälter gesteckt, um so die richtige Temperatur dort einzustellen. Der Handel bietet verschiedene Thermostate an. Gut bewährt hat sich z. B. der „Thermotimer". Bei diesem Gerät lässt sich die Temperatur auf +/- 1 °C genau einstellen und durch die Timer-funktion eine Nachtabsenkung der Temperatur erreichen. Anschließend wird der Inkubator mit einer Glasscheibe abgedeckt. Es ist darauf zu achten, dass kein Kondenswasser auf die Eier tropft: Kinosternideneier sind zwar bei Weitem

nicht so empfindlich wie viele andere Schild-kröteneier, trotzdem besteht Erstickungsgefahr für den Embryo. Da die Eier nach der Ablage nicht mehr gedreht werden dürfen, muss die Oberseite durch ein kleines Kreuz mit einem weichen Bleistift markiert werden. So können sie im Fall eines versehentlichen Drehens wieder in die richtige Lage gebracht werden. Wenn man mehrere Weibchen besitzt, ist es günstig, noch das Datum und die Kennung (z. B. Nummer) des Weibchens auf dem Ei zu vermerken. Die Eier können in kleine Kuhlen zur Hälfte in das Vermiculit eingegraben oder auch oben aufgelegt werden.

Prinzipiell entwickeln sich die Eier zwischen 25 und 30 °C bei ca. 98 % relativer Luftfeuchte gut. Bei den meisten Schildkröten ist eine temperaturabhängige Geschlechtsfixierung bekannt, die Tiere besitzen also keine Geschlechtschromosomen. Dies ist auch bei den Gattungen *Kinosternon* und *Sternotherus* der Fall. Bei konstanter Temperatur an der unteren Grenze des Toleranzbereiches entwickeln sich mehr Männchen, an der oberen Grenze mehr Weibchen. Um ein ausgewogenes Geschlechter-verhältnis zu erhalten, sollte mit zwei unter-

Diese zwei Gelege von *Kinosternon leucostomum leucostomum* werden auf Sand inkubiert. Deutlich sind die Binden als Kennzeichen für eine Befruchtung zu erkennen.   Foto: M. Schilde

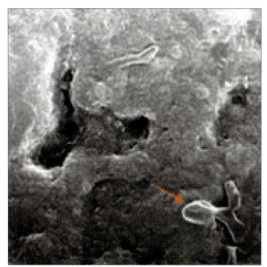

Elektronenmikroskopische Aufnahme:
Oberfläche einer Eierschale von *Claudius angustatus*.
Eine Pore in der Kalkschale ist gut zu erkennen. Durch
diese wird der Gasaustausch mit der Umwelt ermög-
licht. Pilzsporen befinden sich auch auf gesunden Eiern (roter Pfeil). Aus diesem Ei ist ein vitales Jungtier
geschlüpft.   Foto: M. Schilde

schiedlich temperierten Inkubatoren (25 und
29 °C) gearbeitet werden. Alternativ kann man
auch eine eine Nachtabsenkung der Temperatur durchführen oder die Temperatur um ca.
27 °C schwanken lassen. Besonders vitale Jungtiere bekommt man bei der Inkubationsmethode
mit Nachtabsenkung, was auch den natürlichen
Gegebenheiten entspricht. Eine Ausnahme bildet die Unterfamilie Staurotypinae. Von
Staurotypus sind Geschlechtschromosomen
bekannt, und bei *Claudius* werden sie vermutet. Hier findet die Geschlechtsausbildung also
unabhängig von der Temperatur statt, sie ist
genetisch determiniert.
Sind die Eier befruchtet, bildet sich nach einigen Stunden bis Tagen ein weißer Fleck an der
obersten Stelle. Dort liegt die Keimscheibe.
Dieser Fleck vergrößert sich zu einem Ring um
das Ei.

Bei einigen der mittelamerikanischen Schlammschildkröten kann ein interessantes Phänomen
beobachtet werden: Einige Embryonen führen
eine Ruhephase (Diapause) durch. Anfangs
entwickeln sie sich wie soeben beschrieben.
Während sich andere Eier aber normal weiter-
entwickeln, bleiben diese dann im Stadium der
ersten Wochen stehen. Häufig und mit z. T. ex-
tremen Differenzen konnte ich dies bei *Kinosternon cruentatum*, *Claudius angustatus* und
regelmäßig bei *Staurotypus triporcatus* unter
gleichen Inkubationsbedingungen feststellen. In
der Regel entwickeln sich die Eier nach einiger
Zeit weiter, manchmal aber nicht. Man sollte
also erst Eier aus dem Inkubator entfernen,
wenn sie schimmeln! Bei *Claudius angustatus*
wurden Inkubationszeiten bei konstant 29 °C
Inkubationstemperatur von 70–225 Tagen
(SCHILDE, unveröffentl.) unter gleichen Bedingungen registriert. *Staurotypus triporcatus*
schlüpften bei mir nach 105–225 Tagen. Welche Ursache diese Ruhephase einzelner Eier
oder Gelege auslöst, ist noch unklar. Sicher
haben Temperatur und Substratfeuchte einen
Einfluss, deshalb sollte mit diesen Faktoren
experimentiert werden. Als günstig hat sich bei
Claudius angustatus und *Staurotypus triporcatus* eine Absenkung der Temperatur auf ungefähr ca. 20 °C während der ersten Tage bis
zwei Wochen der Inkubationszeit erwiesen.
Nach EWERT (1991) soll mit 18–22,5 °C über
30 Tage die Diapause bei *Staurotypus salvinii*
und *S. triporcatus* beendet werden. Bei *Kinosternon hirtipes*, *K. alamosae*, *K. sonoriense*
führt eine Temperatursenkung auf 16,5 °C für
60 Tage zu einer Stimulierung der Weiterentwicklung. Die Eier von *Kinosternon creaseri*
und *Kinosternon scorpioides* (*K. cruentatum*)
sollten 30 Tage bei 19–22,5 °C bzw. 18–22,5 °C
inkubiert werden (EWERT 1991).
Diese extrem unterschiedliche Entwicklungs-
dauer hat einen biologischen Vorteil für das
Überleben der Art in einem Biotop, wenn zeitweise lebensfeindliche Bedingungen herrschen

wie z. B. in der Trockenzeit. Die „Spätentwickler" können dann zu Zeiten schlüpfen, in denen wieder günstigere Umweltbedingungen vorherrschen.

1.4.5.3 Aufzucht der Jungtiere

Nachdem der Schlüpfling das Ei an einem Pol geöffnet hat, verbleibt er darin noch einige Zeit. Der Zeitraum vom Öffnen des Eis bis zum eigentlichen Schlupf kann eine Woche betragen. Die Jungtiere werden anschließend am besten einzeln in kleinen Plastikterrarien untergebracht. Die Einrichtung dieser „Mini-Aquarien" ist einfach, aber praktisch: Der Wasserstand sollte in den ersten Tagen nur so hoch sein, dass die Tiere mit ausgestrecktem Hals die Oberfläche erreichen können. Zusätzlich können kleine Pflanzen, Steine oder Wurzeln eingebracht werden, die als Verstecke und Ruheplätze zum Atmen an der Oberfläche dienen. Später kann der Wasserstand schrittweise erhöht werden. Man sollte den Tieren immer genügend Möglichkeiten geben, die Wasseroberfläche laufend oder kletternd zu erreichen. Es muss auch unbedingt darauf geachtet werden, dass sich die Tiere nicht einklemmen können. Mir sind schon Schlüpflinge verschiedener Arten ertrunken, z. B. von *Kinoster-*

Schlupf von *Claudius angustatus* – hier hat der Schlüpfling das Ei am Pol geöffnet. Foto: M. Schilde

non baurii, Sternotherus minor, Kinosternon integrum. Zum Teil hatten sie sich in der Terrarieneinrichtung verklemmt und kamen nicht mehr an die Oberfläche oder waren noch nicht an die Höhe des Wasserstandes gewöhnt. Auch wenn die Jungtiere mit einem Dottersackrest schlüpfen, können sie ebenfalls sofort in

Schlupf von *Kinosternon cruentatum*

| Das Jungtier öffnet das Ei an den Seiten kurz vor dem Eipol mit der Eischwiele,... | ...anschließend erweitert es die Öffnung mit den Vorderfüßen. Fotos: S. Moeller |

diese kleinen Aquaterrarien überführt werden. Ich hatte bis jetzt noch nie Verluste dadurch. Natürlich können die jungen Schildkröten bis zur vollständigen Resorption des Dottersacks auch im Inkubator verbleiben. Da aber einige Schlammschildkröten sehr empfindlich gegen Austrocknung sind, ist eine sofortige Überführung ins Wasser sicher besser. Nach wenigen Tagen ist der Dottersack vollständig aufgebraucht, und die kleinen Schildkröten beginnen mit der Nahrungsaufnahme. Die Schlüpflinge bleiben solange in diesen Plastik-Aquaterrarien, bis sie erste Nahrung aufnehmen und ihr Nabel geschlossen ist. Anschließend können sie einzeln oder gemeinsam – je nach Verträglichkeit – in größeren Behältern, die analog zu denen der Eltern eingerichtet sind, aufgezogen werden. Auch die klimatischen Verhältnisse werden wie bei den adulten Tieren gestaltet. Als erste Nahrung sollte Lebendfutter angeboten werden, das den Beutefangreflex auslöst. Wasserflöhe, Mückenlarven oder kleine Regenwürmer sind bestens geeignet. Später kann dann auch das gesamte Futterspektrum der Alttiere verfüttert werden. Wie erwähnt, sollten Schlüpflinge täglich, ältere Jungtiere (ab einem Alter von ca. einem Jahr) alle zwei Tage gefüttert wer-

den. Die Futtermenge ist so zu bemessen, dass sie komplett aufgefressen wird. Die Geschlechter können bei halbwüchsigen Tieren gut anhand der Schwanzlänge unterschieden werden, z. B. bei *Kinosternon cruentatum* schon mit ca. 8 cm und bei *Sternotherus odoratus* mit ca. 5 cm Carapaxlänge. Je nach Art erreichen die Schildkröten ihre Geschlechtsreife nach zwei bis zehn Jahren. Bei mir waren *Sternotherus odoratus* mit zwei Jahren, *Kinosternon leucostomum leucostomum* mit vier Jahren und *Staurotypus triporcatus* mit zehn Jahren geschlechtsreif.

1.5 Wildfänge

Die meisten Importtiere leiden unter mehr oder weniger starkem Transportstress. Die verbreitetste Transportschädigung ist ein nicht kompensierbarer Wasserverlust (Dehydrierung). Dieser hat dieselben Folgen wie eine Immunschwäche: Parasiten (Würmer und Einzeller) gewinnen oft die Oberhand über den Wirt, während dieser bei zu langen Zwischenhaltungszeiten unter suboptimalen Bedingungen langsam verhungert und verdurstet. Meist sind Importtiere der *Sternotherus*-Arten von Wassermangel und starken Nekrosen (Gewebezerstörungen) betroffen. Frisch erworbene Wildfänge sollten einzeln in kleineren, leicht zu reinigenden Aquarien untergebracht werden. Die Beleuchtung sollte nur gedämpft sein, da die meisten Kinosterniden intensives Licht meiden. Dem Wasser ist etwas Salz (2 g/l) zuzugeben, um den Elektrolythaushalt zu stabilisieren. In den ersten Tagen sollte nur sparsam gefüttert werden, also keinesfalls bis zur Sättigung, um die Tiere dann langsam an größere Futtermengen zu gewöhnen. Zwei bis drei kleinere Futterbrocken sollten pro Fütterung genügen. Falls erforderlich, können sie in dieser Zeit von einem Tierarzt gegen Parasiten sowie Nekrosen behandelt werden. Nach einer vier- bis sechswöchigen Quarantäne kommen die Tiere in ihre Aquaterrarien.

Schlüpfling von *Kinosternon leucostomum leucostomum × cruentatum*. Die Brücke ist kurz nach dem Schlupf noch gefaltet. Foto: S. Moeller

2. Spezieller Teil

Die Vorstellung der Arten erfolgt in diesem Kapitel nach den vermuteten verwandtschaftlichen Beziehungen.

2.1 Kinosterninae Agassiz, 1857 – Klappschildkröten

2.1.1 *Kinosternon* Spix, 1824 – Eigentliche Klappschildkröten

Bestimmungsschlüssel zur Gattung *Kinosternon*

Hier wird ein modifizierter Bestimmungsschlüssel zur Gattung *Kinosternon* nach Ernst & Barbour (1989) und Iverson (1992a), verändert durch Artner & Schäfer (1997), wiedergegeben, da er mir momentan als am geeignetsten erscheint.

1a Neunter Marginalschild deutlich höher als achter .... *K. flavescens*

1b Neunter Marginalschild etwa gleich hoch wie achter **2**

2a Carapax mit drei längs verlaufenden hellen Streifen .... *K. baurii*

2b Carapax ohne drei längs verlaufende helle Streifen **3**

3a Hinterer Plastronlappen unbeweglich (akinetisch) .... *K. herrerai*

3b Hinterer Plastronlappen gelenkig und beweglich **4**

4a Nasenschild hinten gespalten **5**

4b Nasenschild hinten nicht gespalten **7**

5a Plastrongröße reduziert (viel kleiner als Carapaxöffnung); Carapax mit einen Kiel oder drei Kielen, der Mittelkiel zumindest im hinteren Abschnitt deutlich ausgeprägt **6**

5b Plastron größenmäßig nicht wesentlich reduziert, zumindest vorne nicht; Carapax normalerweise glatt (im hinteren Abschnitt fehlt jedenfalls ein deutlicher Kiel) .... *K. subrubrum* (teilweise; vergl. 7a)

6a Erster Vertebralschild schmal, berührt gewöhnlich nicht die zweiten Marginalschilde .... *K. chimalhuaca*

6b Erster Vertebralschild breit, berührt gewöhnlich die zweiten Marginalschilde .. *K. hirtipes*

7a Erster Vertebralschild schmal, berührt gewöhnlich nicht die zweiten Marginalschilde; Carapax ohne Längskiele .... *K. subrubrum* (teilweise; vergl. 5b)

7b Erster Vertebralschild breit, berührt gewöhnlich die zweiten Marginalschilde; Carapax mit einem oder drei schwachen Längskielen **8**

8a Vorderes Paar der Kinnbarteln sehr lang, fast so groß wie der Durchmesser der Augenhöhle .... *K. sonoriense*

8b Vorderes Paar der Kinnbarteln nicht lang, erreicht größenmäßig niemals den Durchmesser der Augenhöhle **9**

9a Plastron mit deutlicher hinterer Einkerbung **10**

9b Plastron ohne deutliche hintere Einkerbung **13**

10a Plastron kürzer als 88 % der Carapaxlänge bei Weibchen und kürzer als 83 % bei Männchen **11**

10b Plastron länger als 88 % der Carapaxlänge bei Weibchen und länger als 82 % bei Männchen **12**

11a Länge der Brücke unter 21 % der Carapaxlänge .... *K. angustipons*

11b Länge der Brücke über 21 % der Carapaxlänge .... *K. dunni*

12a Breite des Plastronvorderlappens auf der Höhe des vorderen Gelenkes über 67 % der maximalen Carapaxbreite; Maximalbreite des Plastronhinterlappens über 59,5 % der maximalen Carapaxbreite bei Männchen und über 62 % bei Weibchen; Interfemoralnahtlänge unter 46 % der Brückenlänge und unter 12 % der maximalen Plastronlänge .. *K. integrum*

12b Breite des Plastronvorderlappens auf Höhe des vorderen Gelenkes unter 67 % der maximalen Carapaxbreite; Maximalbreite des Plastronhinterlappens unter 59,5 % der maximalen Carapaxbreite bei Männchen und unter 62 % bei Weibchen; Interfemoralnahtlänge über 38 % der Brückenlänge und über 9 % der maximalen Plastronlänge .... *K. oaxacae*

13a Kehlschild auf der dorsalen Seite des Plastrons breiter als auf der ventralen; Männchen mit Haftpolstern (Vinculae); normalerweise ein einzelner, breiter und heller Postorbitalstreifen (manchmal nur undeutlich) .... *K. leucostomum*

13b Kehlschild auf der dorsalen Seite des Plastrons nicht breiter als auf der ventralen; Männchen ohne Haftpolster; kein einzelner, breiter und heller Postorbitalstreifen **14**

14a Carapax ohne Längskiele .... *K. alamosae*

14b Carapax mit ein bis drei Längskielen **15**

15a Drei deutliche Längskiele auf dem Carapax **16**

15b Nur ein zentral verlaufender deutlicher Längskiel auf dem Carapax **17**

16a Kopfseiten in der Regel mit roten oder orangefarbenen Flecken; Plastron kann komplett geschlossen werden .... *K. cruentatum*

16b Kopfseiten in der Regel ohne rote und orangefarbene Flecken; Plastron kann nicht komplett geschlossen werden ...... *K. scorpioides*

17a Vorderrand des hinteren Plastronlappens verläuft geradlinig .... *K. acutum*

17b Vorderrand des hinteren Plastronlappens verläuft nicht geradlinig, sondern nach hinten abgewinkelt .... *K. creaseri*

Kinosternon acutum GRAY, 1831
Spitzschnauzen-Klappschildkröte

Verbreitung: Diese Art ist in Mexiko von Zentral-Veracruz, Tabasco über den Süden der Halbinsel Yucatán bis Belize und den Norden von Guatemala verbreitet.

Terra typica: Nicht bekannt; GRAY (1844) gibt später „Central America" an; SCHMIDT (1941) schränkt sie auf „British Honduras", SMITH & TAYLOR (1950) auf „Cosamaloapam, Veracruz", Mexiko, ein.

Beschreibung: *K. acutum* hat einen grazilen Körperbau. Der Carapax ist dunkelbraun oder kräftig rotbraun, meist mahagonibraun gefärbt. Jeder Schild ist schwarz umrahmt. Der Mittelkiel ist im Alter nur noch auf den letzten Wirbelschild beschränkt. Zum Schwanzende fällt er in einem steilen Winkel ab. Bei Jungtieren und Schlüpflingen ist er noch über die ganze Carapaxlänge ausgebildet.

Das Plastron ist gelblich bis hellbraun und besitzt zwei gut funktionierende Scharniere. Damit kann der Panzer vollständig geschlossen werden. Die Brücke ist gut ausgebildet und hat einen großen Inguinalschild sowie einen kleinen Axillarschild.

Links oben: *Kinosternon acutum,* Männchen (Tlacotalpan, Veracruz, Mexiko)   Foto: M. Schilde

Links unten: Habitat von *Kinosternon acutum* und *Claudius angustatus* (Veracruz, Mexiko)
          Foto: J. Buskirk

Der schmale, spitze Kopf besitzt eine gelbliche bis rotbräunliche Grundfarbe mit schwarzen Flecken. Diese verdichten sich im Alter zunehmend, sodass bei sehr alten Tieren der Kopf fast vollständig schwarz sein kann. Die Iris ist manchmal kräftig rot oder rosa, ansonsten bräunlich gefärbt. Die Kiefer sind cremefarben mit dunklen Flecken und Barren. Am Kinn sitzt ein Paar Barteln. Die Gliedmaßen und Weichteile sind grau bis braun. Der Schwanz endet in einem spitzen Hornnagel. Die Schlüpflinge sind wie die Adulten gefärbt, nur der Rotanteil ist geringer.

Größe: *K. acutum* ist eine der kleinsten Angehörigen der Gattung *Kinosternon*, die mit 9 cm ausgewachsen ist und eine maximale Carapaxlänge von 12 cm im weiblichen Geschlecht erreichen kann. Die Männchen werden höchstens 10,5 cm lang.

Geschlechtsunterschiede: Der Kopf ist bei den Männchen etwas länger durch die stärker hervorgehobene Nase. Bei alten Männchen wird der Kopf in der Regel schwarz. Außerdem ist der Schwanz wesentlich länger und kräftiger.

Lebensraum: Diese Art kommt in Seen, langsam strömenden Flüssen, Teichen und temporären Gewässern mit reicher Vegetation und geringer Tiefe in Wäldern bis maximal 300 m ü. NN vor. Nach BUSKIRK (schriftl. Mittlg.) sollen hauptsächlich überflutete Wiesen, in denen sich kleine Inseln mit Restwald befinden, bewohnt werden. Die Schildkröten werden häufig in der Vegetation auf diesen Inseln vergraben als im flachen Wasser gefunden.

Lebensweise: Über die Lebensweise in der Natur ist nichts bekannt. Zu den Feinden zählen neben einigen Vögeln, wie Reihern usw., auch große Fische und *Staurotypus triporcatus.*

Ernährung in der Natur: Vermutlich ernährt sich *K. acutum* in der Hauptsache von verschiedenen Wasserinsekten. Daneben werden sicher auch Würmer und Schnecken als Nahrung dienen.

Fortpflanzung: Nach COPE (1865) ist nur bekannt, dass die Tiere im März und April ihre Gelege absetzen.

Haltung: Aufgrund seiner geringen Größe ist *K. acutum* gut in kleinen Aquaterrarien zu halten. Für zwei Tiere reicht ein Becken mit 50 × 30 cm Grundfläche aus. Der Wasserstand sollte nur 12–15 cm betragen, da sonst die Gefahr des Ertrinkens besteht. Bei einem höheren Wasserstand sind auf jeden Fall verschiedene Möglichkeiten zum Erreichen der Wasseroberfläche zu schaffen. Temperaturen von 25–28 °C genügen. Bei dieser Art konnte ich keine Aggressivität gegenüber Artgenossen und anderen Arten beobachten. Es ist durchaus möglich, *K. acutum* in Gruppen von 1,2 bis 1,3 Tieren – wie von verschiedenen Haltern praktiziert – zu pflegen. Ich erhielt mehrere Tiere aus Veracruz,

Eier von von *Kinosternon acutum* (links) und *Staurotypus triporcatus*   Foto: M. Schilde

41

Kinosternon acutum, Schlüpfling, Ventralansicht
Foto: M. Schilde

die nach Geschlechtern getrennt in Becken von 100 × 50 cm Grundfläche mit ausreichenden Versteckmöglichkeiten gehalten wurden. Zu Eiablagen kam es im Januar, Mai und August. Es wurde stets jeweils nur ein kleines, schmales Ei gelegt. Bei einer Inkubationstemperatur von 28 °C schlüpften nach 127 Tagen die Jungen. Die Geschlechtsreife wird mit ca. vier Jahren erreicht. Die Tiere sind dann 9 cm groß (Carapaxlänge) und wiegen 110–150 g.

Fütterung: Als Nahrung wird von Regenwürmern, verschiedenen Insekten, Wasserflöhen, Schnecken, kleinen Fischen bis zu Rinderherz und getrockneten Garnelen alles angenommen.

Unterarten: Es sind keine Unterarten beschrieben. Die früher als *K. acutum* und später als *Kinosternon* „HLB" bezeichneten großen dunklen Tiere sind Angehörige von *K. leucostomum* (RUDLOFF 1990). Die Bezeichnung „HLB" (**H**och-**L**ang-**B**raun) wurde von SACHSSE (mündl. Mittlg.) aufgrund ihrer Morphologie eingeführt. Die betreffenden Schildkröten werden bis 15 cm groß. Häufig findet man in der älteren Literatur noch Zitate, die sich auf diese Form beziehen, da sie früher oft unter falschen Namen nachgezogen wurde.

Kinosternon creaseri HARTWEG, 1934
Yucatán-Klappschildkröte

Verbreitung: *K. creaseri* ist in Nord- und Zentral-Yucatán verbreitet.

Terra typica: „One mile south of the Hacienda, Chichen Itza, Yucatan", Mexiko (= eine Meile südlich von der Hacienda, Chichen Itza, Yucatan)

Beschreibung: Der Carapax ist dunkelbraun, oval und besitzt bei Adulten einen schwach ausgebildeten Mittelkiel. Jungtiere haben außerdem noch zwei schwache Seitenkiele. Bei ihnen ist der Mittelkiel stärker ausgeprägt. Der höchste Punkt des Rückenpanzers liegt hinter der Mitte. Das Plastron ist groß und kann mit Hilfe der gut funktionierenden Scharniere vollständig verschlossen werden. Es ist gelblich bis braun mit dunklen Säumen gefärbt. Der vordere Plastronlappen ist kürzer als der hintere, aber länger als die Abdominalschilde. Eine Einkerbung zwischen den Analschilden besitzt das Plastron nicht. Der Gularschild ist etwas mehr als halb so lang wie der vordere Plastronlappen. Die Brücke ist gut ausgebildet und besitzt die gleiche Färbung wie das Plastron. Inguinal- und Axillarschilde können, müssen sich aber nicht berühren. Der Kopf ist relativ groß, mit einer aufgewölbten Nasenregion und einem stark gehakten Oberkiefer vor allem bei den Männchen. Kopf und Hals sind unterseits dunkelbraun bis schwarz mit vielen feinen hellen

Kinosternon creaseri, Männchen (Quintana Roo, Mexiko) Foto: J. B. Iverson

Flecken. Die Oberseite und die Seiten sind hellgrau mit dunklen Flecken und Sprenkeln, die Kiefer grau bis braun und besitzen dunkle Streifen. Gliedmaßen und Weichteile sind ebenfalls grau bis braun.

Größe: Das größte gemessene Exemplar besaß eine Carapaxlänge von 12,15 cm.

Geschlechtsunterschiede: Der große und kräftige Schwanz der Männchen trägt einen hornigen Endnagel. Der Kopf der Männchen ist etwas größer und der Oberkiefer stärker gehakt.

Lebensraum: *K. creaseri* kommt nur im karstigen und trockenen Teil von Yucatán vor. Dort werden scheinbar hauptsächlich die so genannten Cenotes (mit Wasser gefüllte Kalksteineinbrüche) bewohnt. Dies sind permanente oder

Kinosternon creaseri (Quintana Roo, Mexiko), Porträt eines dunkleren Männchens Foto: J. B. Iverson

Kinosternon creaseri, Männchen (Quintana Roo, Mexiko)   Foto: J. B. Iverson
Lebensraum (Cenote) von *Kinosternon creaseri*
                                    Foto: H. Werning

temporäre Gewässer. Es konnte kein Vorkommen in Flüssen beobachtet werden (SMITH & SMITH 1979).

Lebensweise: Über die Lebensweise in der Natur ist nichts bekannt, außer dass die in temporären Gewässern lebenden Tiere eine Trockenruhe durchführen.

Ernährung in der Natur: Die Nahrung in der Natur setzt sich vermutlich aus tierischen und pflanzlichen Komponenten zusammen. Vor allem Insekten, die in die Cenotes fallen, aber auch dort lebende Fische und Schnecken dienen sicherlich als Nahrung.

Fortpflanzung: Auch bei dieser Art werden vermutlich zu Beginn der Trockenzeit die Eier gelegt. Sie werden in die Vegetation des Uferbereiches meist offen oder mit einigen Blättern bedeckt abgelegt.

Haltung: Da die nächstverwandte Art *K. acutum* ist, wären ähnliche Pflegebedingungen sinnvoll. Es existieren aber nur wenige Exemplare dieser Schildkrötenart in Europa. Da sie nicht aus Mexiko importiert wird, kommt *K. creaseri* für die private Haltung kaum in Frage, obwohl sie aufgrund ihrer Größe gut geeignet wäre.

Fütterung: Als Futter eignen sich analog zu den anderen Arten kleine Fische, Gehäuseschnecken, Krebstiere, Grillen und Rinderherz. Man sollte pflanzliche Nahrung in Form von Löwenzahn u. Ä. anbieten.

Unterarten: Unterarten wurden nicht beschrieben, aber DUELLMAN (1965) fand zwei Exemplare in einer Höhle mit blass hellbraunem Carapax, cremefarbenem Plastron und einem blass graubraunen Kopf. Ob es sich dabei um eine Anpassung an das halbdunkle Habitat handelt, ist unklar.

Kinosternon leucostomum
(DUMÉRIL, BIBRON & DUMÉRIL, 1851)
Weißmaul-Klappschildkröte

Verbreitung: Das riesige Verbreitungsgebiet erstreckt sich auf der atlantischen Seite Mittelamerikas von Zentral-Veracruz bis Kolumbien und auf der pazifischen Seite von Costa Rica bis Ecuador.

Terra typica: „N. Orleans; Mexique; Río Sumasinta (Amer. Centr.)", von SCHMIDT (1941) eingegrenzt auf „Río Usumacinta, El Peten, Guatemala"

Beschreibung: Der ovale Carapax kann rotbraun bis schwarz gefärbt sein. Er ist nicht gekielt. Lediglich bei Jungtieren weist er noch einen schwachen Mittelkiel auf. Bei manchen alten Exemplaren kann der Carapax entlang den Wirbelschilden leicht eingedellt sein. Plastron und Brücke sind einfarbig horngelb. Es gibt aber auch einzelne Exemplare aus dem südlichen Verbreitungsgebiet mit dunkelbraunem Plastron. Die Scharniere sind vollständig ausgebildet, sodass der Panzer verschlossen werden kann. Je nach Unterart können sich Inguinal- und Axillarschild berühren oder nicht. Der Inguinalschild ist wesentlich länger als der Axillarschild. Der Kopf ist von mittlerer Größe mit einer ausgeprägten Nasenregion und einem stark gehakten Oberkiefer. Die Kopfoberseite ist dunkelbraun. Ein gelber Streifen zieht sich vom Auge bis zum Hals über die Schläfenregion. Je nach Herkunft der Tiere kann er einfarbig gelb oder auch nur durch einige Sprenkel angedeutet sein. Die Kiefer sind weißlich, am Kinn sitzt ein Paar Barteln. Weichteile und Gliedmaßen können dunkelbraun oder dunkelgrau sein. Der Schwanz endet in einem spitzen Hornnagel. Schlüpflinge weisen die gleiche Carapaxfärbung auf wie die Alttiere, nur das Plastron ist entlang der Schildnähte dunkel gefärbt, und die Schilde sind z. T. ebenso gefleckt.

Kinosternon leucostomum leucostomum (Río Tlacotalpan, Veracruz, Mexiko)   Foto: M. Schilde

Größe: Die Carapaxlänge liegt normalerweise zwischen 15 und 17 cm; Männchen können bis zu 20,4 cm erreichen (Weibchen 16,9 cm).

Geschlechtsunterschiede: Der Schwanz ist bei den Männchen wesentlich länger, der Kopf deutlich größer und kräftiger, die Nase stärker hervorgehoben. Die Männchen neigen außerdem zu einer dunkleren Kopffärbung im Alter. Ihre Kiefer sind mit schwarzen Strichen gemustert, bei manchen Lokalformen sind sie ganz schwarz. Weibchen bleiben oft kleiner als die Männchen.

Lebensraum: *K. leucostomum* bewohnt alle möglichen Gewässer bis zu einer Höhe von 300 m ü. NN. Die Art kommt sowohl in permanenten wie temporären Gewässern mit viel Vegetation und weichem Bodengrund vor. Die Habitate liegen oft in Tieflandwäldern. Wie die Untersuchungen von VOGT & GUZMAN (1988) zeigten (siehe auch Kapitel 1.3.2 Habitate), werden sowohl stehende als auch fließende Gewässer, aber auch Brackwasser bewohnt. Die bevorzugte Wassertiefe liegt zwischen 1 und 3 m. Die Durchschnittstemperatur der Luft liegt bei 27 °C.

Lebensweise: Da das Klima von Trocken- und Regenzeit geprägt ist, sind die Tiere in manchen Habitaten gezwungen, eine Trockenruhe durchzuführen. Dazu vergraben sie sich in den angrenzenden Wäldern unter umgefallenen Bäumen, Wurzeln oder Steinen in Laub und

Erdreich. Während dieser Zeit wird keine Nahrung aufgenommen. Diese Schildkröten können oft bei Überlandwanderungen beobachtet werden.

Ernährung in der Natur: Als typischer Opportunist frisst *K. leucostomum* alles an tierischer Kost. Manchmal kann aus Mangel an tierischer Nahrung oder Konkurrenz mit anderen Arten der Anteil an pflanzlicher Kost bis auf knapp 90 % steigen. Meist liegt er aber wesentlich niedriger (ca. 30 %). Einen Großteil im Speiseplan machen Amphibien (ca. 10 %), verschiedene Krebstiere (ca. 6 %) und vor allem Insekten (ca. 35 %) aus. Mollusken und Fische werden kaum gefressen.

Fortpflanzung: Ab Oktober beginnen die Weibchen mit der Eiablage. Bis März können dann noch bis zu drei Ablagen erfolgen. Nach MOLL & LEGLER (1971) sowie MEDEM (1962) sollen das ganze Jahr über Eier gelegt werden. Die Nistgrube wird nur flach ausgegraben. Nach der Ablage wird sie oft mit Laub getarnt. Es werden 1–4 Eier gelegt, in der Regel zwei. Die ovalen Eier sind durchschnittlich 37 × 20 mm groß und 8,8 g schwer. In der Natur dauert die Zeitigung nach MOLL & LEGLER (1971) 126–148 Tage. Die Schlüpflinge sind ca. 33 mm lang.

Haltung: *K. leucostomum* ist eine der häufigsten gehaltenen und gezüchteten mittelamerikanischen *Kinosternon*-Arten. Für eine Weibchengruppe, bestehend aus zwei bis drei Tieren, genügen Behälter von 80 × 40 cm Grundfläche. Oft sind aber selbst die Weibchen untereinander so unverträglich, dass generell eine Einzelhaltung empfohlen werden muss. Da diese Art aus dem tropischen und subtropischen Bereich Mittel- und Südamerikas kommt, ist eine Wassertemperatur von 25–30 °C erforderlich. Obwohl sich *Kinosternon leucostomum*, zumindest in einigen Populationen, in der Na-

tur ganzjährig fortpflanzen soll, legt die Art bei mir und anderen Terrarianern in der Regel nur von September bis März ihre Eier ab. Dazu ist es nötig, die Tiere im Juli oder August zu verpaaren. Die Weibchen legen meist zwei Eier. Es können aber auch bis zu vier sein. Die Eier von *K. l. postinguinale* sind ca. 33 × 17 mm groß. Bei einer Inkubationstemperatur von 28 °C benötigen die Jungtiere zwischen 89 und 130 Tage (SCHILDE, unveröffentl.). Bei dieser Art können die Embryos eine Diapause durchführen. Dann treten Inkubationszeiten von bis zu 230 Tagen auf. Meistens ist die Diapause aber nicht so ausgeprägt, und in den meisten Fällen entwickeln sich die Eier anschließend zügig weiter. Um eine ausgewogene Geschlechterverteilung bei den Nachzuchten zu erzielen, sollten einige Eier bei 25 °C inkubiert werden. Aus ihnen schlüpfen dann mehr Männchen. Fast ausschließlich Weibchen schlüpfen bei 28 °C. Die Schlüpflinge haben eine Carapaxlänge von 28,5–31,5 mm und eine Carapaxbreite von 19–20 mm. Das Gewicht liegt zwischen 3,6 und 5 g. Die Aufzucht der Schlüpflinge erfolgt einzeln oder in kleinen Gruppen, je nach Verträglichkeit. Mit vier Jahren wird die Geschlechtsreife erreicht. Die Tiere sind dann je nach Unterart 10 bzw. 14 cm groß.

Fütterung: Wie aus Tabelle 1 (S. 20) ersichtlich, ist das Futterspektrum sehr groß. Regenwürmer, Schnecken, Muschelfleisch, getrocknete Garnelen, Rinderherz, Fisch, Katzentrockenfutter und Pellets werden gern gefressen. Auch pflanzliche Nahrung in Form von Obst und Salat sollte versuchsweise angeboten werden. Alle meine Tiere nahmen aber keine Pflanzen an. Jungtiere sind gut mit Wasserflöhen, Roten Mückenlarven und Regenwürmern zu ernähren.

Unterarten: Von *K. leucostomum* wurden verschiedene Unterarten beschrieben. Momentan sind aber nur zwei anerkannt (*K. leucostomum leucostomum, K. leucostomum postinguinale*).

Kinosternon leucostomum leucostomum, Schlüpfling
Foto: M. Schilde

Kinosternon leucostomum leucostomum, Schlüpfling,
Ventralansicht　　　　　　　　　Foto: M. Schilde

Die von BOULENGER (1913) beschriebene Art *Kinosternon spurelli* aus Pena Lisa, Kolumbien, wurde später als Unterart zu *Kinosternon leucostomum* gestellt (HARTWEG in SCHMIDT 1946, zit. in SMITH & SMITH 1979). „*K. spurelli*" lässt sich aber nicht von *K. leucostomum postinguinale* unterscheiden und wurde deshalb von BERRY (1978) in die Synonymie dieser Unterart gestellt. SCHMIDT (1947) gibt als einzigen Unterschied den breiteren hinteren Plastrallappen an, der bei „*K. spurelli*" seine größte Breite nicht direkt am hinteren Scharnier hat. Im Gegensatz soll bei *K. leucostomum postinguinale* der hintere Plastrallappen direkt am Scharnier am breitesten sein.

Es gibt noch eine ganze Reihe von Lokalformen. Die Frage, ob es sich dabei um Unterarten handelt oder nicht, können nur gründliche Analysen von umfangreichem Tiermaterial mit klassischen morphologischen sowie modernen biochemischen und genetischen Methoden beantworten.

Kinosternon leucostomum postinguinale, Schlüpfling
Foto: M. Schilde

Kinosternon leucostomum postinguinale, Schlüpfling,
Ventralansicht　　　　　　　　　Foto: M. Schilde

Das klassische Unterscheidungsmerkmal zwischen den beiden anerkannten Unterarten sollte auch nicht alleine zur Bestimmung verwendet werden, wie Untersuchungen in Belize an 45 *K. leucostomum leucostomum* zeigten. Nur bei 14 Tieren (31 %) hatten Inguinal- und Axillarschilde Kontakt. Bei 30 Tieren (67 %) bestand kein Kontakt, und bei einem Tier (2 %) trafen sich die Schilde nur an einer Brücke (IVERSON 1976).

Kinosternon leucostomum leucostomum, Männchen der sehr dunkel gefärbten „HLB"-Form
Foto: M. Schilde

> ### Kinosternon leucostomum leucostomum
> (DUMÉRIL, BIBRON & DUMÉRIL, 1851)
> Nördliche Weißmaul-Klappschildkröte

Verbreitung: Diese Unterart ist im Norden von Veracruz (Mexiko) bis nach Nicaragua im Süden verbreitet.

Terra typica: „N. Orleans; Mexique; Río Sumasinta (Amer. Centr.)", von SCHMIDT (1941) eingegrenzt auf „Río Usumacinta, El Peten, Guatemala"

Beschreibung: Der Carapax ist relativ hoch und von brauner, manchmal schwarzer Färbung. Das Plastron ist immer gelb gefärbt. Inguinal- und Axillarschild treffen immer zusammen. Es gibt eine Lokalform, die häufig im Terrarium gehalten und nachgezogen wird. Diese Form wurde früher als *Kinosternon acutum* gehandelt (RUDLOFF 1990). Später, als erkannt wurde, dass *K. acutum* eine völlig andere Art ist, wurde für die betreffenden Exemplare von *K. leucostomum* die Bezeichnung *Kinosternon* „HLB" (**H**och-**L**ang-**B**raun) eingeführt (SACHSSE,

mündl. Mittlg.). Heute ist ihre Zugehörigkeit zu *Kinosternon leucostomum leucostomum* gesichert. Die Köpfe und Weichteile der so genannten „HLB"-Tiere sind relativ dunkel, manchmal fast schwarz. Es gibt aber allerlei Übergangsformen von hellgrau über braun bis dunkelgrau. Der gelbe Schläfenstreifen ist bei der nördlichen Unterart nur durch einzelne hellere Flecken und Punkte angedeutet. Im Allgemeinen wird *K. leucostomum leucostomum* 14–17 cm lang, selten größer.

> ### Kinosternon leucostomum postinguinale
> COPE, 1887
> Südliche Weißmaul-Klappschildkröte

Verbreitung: Das Verbreitungsgebiet erstreckt sich von Nicaragua bis Kolumbien und zum Westen von Ecuador.

Terra typica: „Tierra Caliente of Costa Rica at Sipurio, on the east coast" (= Tiefland von Costa Rica bei Sipurio, an der Ostküste)

Beschreibung: Diese Unterart ist wesentlich farbiger als die Nominatform. Ihr Carapax ist relativ flach und meist dunkelbraun oder rotbraun gefärbt. Das Plastron ist horngelb, manchmal mit dunkelbraunen Flecken versehen oder gänzlich dunkelbraun. Der Kopf besitzt vor allem bei Jungtieren und Weibchen einen deutlichen, gelben, breiten Schläfenstreifen. Bei alten Männchen dunkelt er meist

Kinosternon leucostomum postinguinale, Weibchen. Ein typisches Exemplar für diese Unterart   Foto: M. Schilde

Kinosternon leucostomum postinguinale, Männchen (Nicaragua). Sehr schön und ungewöhnlich intensiv gefärbtes Exemplar. Es besitzt außerdem ein sehr dunkles Plastron.   Foto: M. Schilde

Kinosternon leucostomum postinguinale, Männchen (Santa Magdalena, Kolumbien)   Foto: M. Schilde

Beschreibung: *K. scorpioides* ist in Form und Farbe je nach Unterart und Herkunft sehr variabel. Der Carapax ist entweder relativ flach und die drei Kiele sind stark ausgebildet, oder der Rückenpanzer ist recht hoch und die drei Kiele sind nur angedeutet. Die Carapaxfärbung kann von fast gelb über oliv bis zu dunkelbraun oder gar schwarz gehen. Das Plastron ist ebenfalls sehr unterschiedlich gefärbt, von gelb bis dunkelbraun sind alle Übergänge möglich. Der vordere Plastronlappen ist kürzer als der hintere. Die Brücke besitzt die gleiche Farbe wie das Plastron. Axillar- und Inguinalschild treffen meist nicht zusammen. Der Kopf ist oft dunkelbraun oder dunkelgrau und besitzt helle Flecken. Es gibt aber auch helle Farbvarianten mit gelblichen Köpfen und einzelnen dunklen Punkten. Die hellen Kiefer sind vor allem bei den Männchen mit dunklen Flecken und Barren bedeckt. Der Oberkiefer steht hervor und ist leicht gehakt. Am Unterkiefer befinden sich zwei bis drei Paar Barteln, wobei die ersten Barteln deutlich größer sind. Gliedmaßen und Weichteile sind grau, dunkelbraun oder schwarz. Der Schwanz besitzt einen spitzen hornigen Endnagel.

Größe: Die Carapaxlänge beträgt zwischen 12 und 27 cm, Männchen werden größer als Weibchen.

Geschlechtsunterschiede: Die Männchen haben ein konkaves Plastron. Ihr Schwanz ist wesentlich länger und kräftiger. Der Kopf ist größer und der Oberkiefer stärker gehakt.

Lebensraum: *K. scorpioides* bewohnt Sümpfe, Seen und langsam strömende Flüsse bis zu einer Höhe von 500 m ü. NN. Im Chaco (Paraguay) werden hauptsächlich Wassergräben entlang der Straßen besiedelt. Diese Gräben führen nur nach Niederschlägen kurzzeitig Wasser und trocknen relativ schnell wieder aus. Die Wassertiefe beträgt dort 20–50 cm, die Wasser-

etwas nach. Ich besitze ein Männchen aus Nicaragua, das an sämtlichen Weichteilen, Gliedmaßen und vor allem am gesamten Kopf intensiv goldgelb gefleckt und gesprenkelt ist. Sein Plastron ist vollständig dunkelbraun. Dieses Tier ähnelt dem Typusexemplar von *Kinosternon spurelli*, gehört aber zweifelsfrei zu *Kinosternon leucostomum postinguinale*. Axillar- und Inguinalschild treffen in der Regel nicht zusammen. Der Inguinalschild ist im Verhältnis nicht so lang wie bei der Nominatform. Mit einer Maximalgröße von 12 cm ist *Kinosternon leucostomum postinguinale* deutlich kleiner und zierlicher. Es erreicht die Geschlechtsreife mit einer Carapaxlänge von 10 cm.

Kinosternon scorpioides (LINNAEUS, 1766)
Skorpionsklappschildkröte

Verbreitung: Die Skorpionsklappschildkröte besitzt von allen Schlammschildkröten das größte Verbreitungsgebiet. Es erstreckt sich von Zentral-Chiapas (Mexiko) über Mittelamerika bis Brasilien und das nördliche Argentinien.

Terra typica: Surinam

Kinosternon scorpioides scorpioides, Männchen, (Surinam)   Foto: M. Schilde

temperaturen liegen bei 30 °C. Der Bodengrund ist stark verschlammt und enthält keine Steine. In diesen Gräben wächst keine Vegetation (VINKE, mündl. Mittlg.). Das Wasser ist sehr trübe und schlammig. Während der Wintermonate von Juni bis August können die Tiefsttemperaturen gelegentlich in frühen Morgenstunden auf 4–7 °C absinken. Tagsüber steigen sie dann aber trotzdem auf maximal 40 °C an! Dies ist auch die Trockenzeit, in der die Luftfeuchtigkeit am Tage stundenweise auf 17 % relative Luftfeuchte zurückfallen kann. Häufig konnten Exemplare während des ganzen Tages, aber besonders in der Nacht und früh am Morgen beim Überqueren der Straße beobachtet werden. In größeren salzhaltigen Lagunen und Seen kommt die Art zumindest im Chaco nicht vor. Es werden dort nur die trüben und Süßwasser führenden Gewässer besiedelt. Dort scheint je-

doch die Populationsdichte sehr hoch zu sein (VINKE, mündl. Mittlg).

Lebensweise: Da das Verbreitungsgebiet sehr groß ist, können keine allgemeinen Angaben zur Lebensweise erfolgen. Dort, wo vor allem temporäre Gewässer bewohnt werden, kommt es während der Trockenzeit vermutlich zu einer Ästivation. Die Tiere ziehen sich dann in den Schlamm des Gewässergrundes oder in den umgebenden Wald zurück, wo sie sich dann unter Falllaub vergraben. Nachts werden oft Überlandwanderungen zur Suche nach dem nächsten Gewässer unternommen.

Ernährung in der Natur: Als Nahrung wird wahrscheinlich alles Tierische angenommen, was für die Schildkröten erreichbar und zu bewältigen ist. In den Wassergräben im Chaco kommen Unmengen von Amphibien und deren Larven sowie Apfelschnecken vor (VINKE, mündl. Mittlg). Vermutlich stellen diese die Hauptnahrung dar. Daneben wird wahrscheinlich gelegentlich pflanzliche Nahrung aufgenommen.

Fortpflanzung: In Venezuela und Mexiko werden die Eier von März bis Mai abgelegt. Vermutlich erfolgen aber die meisten Eiablagen schon im Dezember oder Januar. Ich bekam ein trächtig importiertes Weibchen der Nominatform aus Surinam, das im Januar ein Ei mit einer Größe von 40 × 24 mm legte. FRETEY (1976, 1977) vermaß drei Eier von *K. scorpioides scorpioides*, die 33,4–37,2 × 20,1–20,9 mm groß waren. Die von SEXTON (1960) vermessenen Eier waren durchschnittlich 38 × 18 mm groß. Die Gelege umfassen 1–6 Eier. Die Inkubationsdauer unter natürlichen Bedingungen liegt bei ca. drei Monaten. Schlüpflinge besitzen eine Carapaxlänge von 31 mm (FRETEY 1977).

Haltung: *K. scorpioides scorpioides* hat sich bisher als sehr hinfällig erwiesen (SCHAFFER, mündl.Mittlg). Oft kommen sie als Importtiere in einem sehr schlechten Gesundheitszustand an. Bedingt durch den Transportstress und nicht kompensierbaren Wasserverlust kommt es zur Schwächung des Immunsystems, was zu Infektionen mit Todesfolge führen kann. In den meisten Fällen stammen die Wildfänge aus Surinam. Es ist notwendig, die Tiere sehr warm (bei 28–30 °C) zu halten. Wenn sie aber die ersten Anfangsschwierigkeiten überwunden haben, sind es langlebige Schildkröten. Mit anderen Unterarten wurden bessere Erfahrungen erzielt. HOFER (1999) hielt ein Pärchen *K. scorpioides albogulare* in einem Becken mit den Maßen 100 × 40 × 40 cm und einem Wasserstand von 18 cm. Der Landteil war 28 × 24 × 28 cm groß. Die Tiere wurden zeitweilig getrennt. Ein kleiner Strahler über dem Landteil war für trächtige

Weibchen notwendig. Es wurden mehrere Gelege im Dezember und Januar abgesetzt. Der Abstand zwischen zwei Ablagen betrug nur 14 Tage. Die Gelegegröße umfasste drei bis vier Eier. Die Eier waren 35–38 × 17–18 mm groß. Bei einer Inkubationstemperatur von 29 °C betrug die Zeitigungsdauer zwischen 128 und 138 Tagen. Die Aufzucht der Jungen gestaltete sich in kleinen Aquarien mit mehreren Versteck- und Schlafplätzen bei ca. 28 °C sehr einfach.

Futter: Als Futter werden Regenwürmer, Schnecken, Fisch und Rinderherz gegeben. Zusätzlich können gelegentlich getrocknete Garnelen, Katzentrockenfutter und Schildkrötenpellets verfüttert werden.

Unterarten: Da *K. scorpioides* die am weitesten verbreitete Art ist, wurde sie von verschiedenen Autoren in bis zu neun Unterarten aufgeteilt. Zeitweilig wurde sogar *K. integrum* als eine Unterart von *K. scorpioides* angesehen. Bis vor kurzem wurden *K. scorpioides abaxillare*, *K. s. albogulare*, *K. s. carajasensis*, *K. s. cruentatum* und *K. s. seriei* neben der Nominatform als valide (gültig) angesehen. Nach einer Revision aufgrund morphologischer Untersuchungen durch die argentinischen Herpetologen CABRERA & COLANTONIO (1997) sind „*carajasensis*" und „*seriei*" nicht als valide anzusehen und werden in die Synonymie von *K. s. scorpioides* gestellt. Des Weiteren kann man „*cruentatum*" unter Vorbehalt als eigenständige Art betrachten. Sie besitzt, im Gegensatz zu den anderen Unterarten von *K. scorpioides*, einen sehr hohen Carapax, der bei adulten Tieren oft nur noch andeutungsweise oder gar nicht gekielt ist. *K. cruentatum* gehört wegen der morphologischen Merkmale aber zumindest in den Formenkreis von *K. scorpioides* und ist wohl näher mit *K. s. albogulare* verwandt. Aus El Salvador und Südwest-Honduras sind Bastarde zwischen *K. s. albogulare* und *K. cruentatum* bekannt. Daher kann man die Theorie aufstellen, dass entweder *K. cruentatum* doch eine Unterart von *K. scorpioides* ist, oder dass *K. s. albogulare* als Unterart zu *K. cruentatum* gestellt werden kann. Weitere Forschungen sind hier dringend nötig. Von *K. cruentatum* existieren mindestens fünf verschiedene Populationen, die sich z. T. morphologisch unterscheiden.

> ### *Kinosternon scorpioides scorpioides*
> (LINNAEUS, 1766)
> Skorpionsklappschildkröte

Verbreitung: Diese Unterart ist von Panama bis Nord-Peru über weite Teile Südamerikas bis Nord-Argentinien verbreitet.

Terra typica: Surinam

Oben: *Kinosternon scorpioides scorpioides*, vermutlich aus Brasilien, Schädeldach

Unten: *Kinosternon scorpioides scorpioides*, juveniles Weibchen, vermutlich aus Brasilien

Fotos: M. Schilde

Beschreibung: *K. s. scorpioides* ist mit bis zu 27 cm Carapaxlänge die größte Unterart. Ihr Carapax besitzt drei gut entwickelte Kiele und ist relativ flach. Die Färbung kann von gelblich bis dunkelbraun variieren. Der Nackenschild ist nur schmal ausgebildet. Die Färbung des Plastrons orientiert sich an der Farbe des Carapax. In der Regel besitzen hell gefärbte Exemplare auch ein gelbes Plastron. Dunkelbraune Tiere haben dementsprechend einen dunkleren Bauchpanzer. Der Plastronhinterlappen ist schmaler als der vordere und besitzt eine mehr oder weniger deutliche Analkerbe. Kopf, Gliedmaßen und Weichteile sind dunkelgrau bis dunkelbraun.

> ### *Kinosternon scorpioides abaxillare*
> BAUR, 1925
> Chiapas-Klappschildkröte

Verbreitung: Das Vorkommen ist begrenzt auf das zentrale Tal von Chiapas in Mexiko und reicht vermutlich bis zum angrenzenden Guatemala in einer Höhe von über 800 m ü. NN.

Terra typica: „Tuxtla (Gutierrez), Chiapas, Mexico".

Beschreibung: Diese Unterart ist sehr flach. Bei Männchen beträgt die Höhe des Rückenpanzers ca. 38 % und bei Weibchen ca. 39 % der Carapaxlänge. Der Carapax ist dreigekielt und im Alter gewöhnlich sehr dunkel. Der Axillarschild fehlt. Das Plastron ist relativ groß. An den Seiten des Kopfes befinden sich hellere Regionen, die grau bis gelblich sein können. Die maximal bekannte Carapaxlänge für Männchen liegt bei 15 cm und für Weibchen bei 15,5 cm, obwohl die meisten Exemplare nicht größer als 13,8 cm werden.

Kinosternon scorpioides scorpioides, altes Männchen
Foto: M. Schilde

Kinosternon scorpioides scorpioides (Chaco-Region, Paraguay). Deutlich sind die drei Kiele zu erkennen.
Foto: S. & T. Vinke

> ### *Kinosternon scorpioides albogulare*
> (DUMÉRIL & BOCOURT, 1870)
> Weißkehl-Klappschildkröte

Verbreitung: *K. scorpioides albogulare* ist auf der pazifischen Seite von Zentralamerika von Südost-Guatemala über El Salvador, Südwest-Honduras, Costa Rica bis Panama verbreitet. Auch soll sie auf einigen Inseln (Canas und San Andrés) vorkommen (WERMUTH & MERTENS 1961).

Terra typica: „S. Jose (Costa Rica)"

Beschreibung: Der relativ hoch gewölbte Carapax besitzt drei Kiele und ist oberseits abgeflacht. Die Höhe des Rückenpanzers ent-

Kinosternon scorpioides albogulare
Foto: G. Schaffer

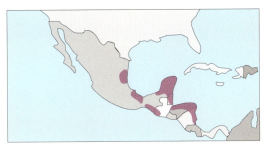

men an der Pazifikküste in den mexikanischen Staaten Oaxaca und Chiapas.

Terra typica: „Amérique septentrionale" (= Südamerika); eingegrenzt von SMITH & TAYLOR 1950 auf „San Mateo del Mar", Oaxaca, Mexiko

spricht ca. 42 % der Carapaxlänge bei den Männchen und etwa 46 % bei den Weibchen. Er ist dunkelbraun und kann im Alter grau werden. Nach HOFER (1999) ist das Plastron der Jungtiere mittelbraun und gelb marmoriert. Ab dem zweiten Lebensjahr hellt es sich auf. Es kann aber bei adulten Tieren auch braune Flecken aufweisen. Eine Analkerbe ist nicht vorhanden. Kehle und Unterkiefer der Weibchen sind gelblich bis weiß gefärbt. Der Oberkiefer kann hellrosa sein und graue Punkte aufweisen. Gliedmaßen und Hals sind grau. Die Weichteile können einen rosafarbenen Einschlag besitzen oder grau sein. Männchen erreichen eine Carapaxlänge von 19 cm, Weibchen von mindestens 15,5 cm (PRITCHARD & TREBBAU 1984; HOFER 1999).

Kinosternon cruentatum
(DUMÉRIL, BIBRON & DUMÉRIL, 1851)
Rotwangen-Klappschildkröte

Verbreitung: Das Verbreitungsgebiet dieser Art erstreckt sich von Tamaulipas (Mexiko) über die Yucatán-Halbinsel entlang der Atlantikseite bis nach Nordost-Nicaragua und Costa Rica. Außerdem befindet sich ein isoliertes Vorkom-

Beschreibung: *K. cruentatum* ist die farbigste Art der Familie. Der Carapax ist sehr hoch, manchmal halbkugelförmig. Je nach Population können in der Jugend bis zu drei Kiele vorhanden sein. Bei adulten Tieren verschwinden diese meist. Manchmal sind bei ihnen die Seitenkiele noch angedeutet, dann ist der Carapax in der Regel entlang der Wirbelsäule etwas abgeflacht. Die Carapaxfärbung ist normalerweise rotbraun bis dunkelbraun oder schwarz. Es gibt aber auch Tiere mit gelbem oder hellbraunem Rückenpanzer. Das Plastron kann gelborange oder dunkelbraun sein. Die Scharniere sind funktionsfähig und ermöglichen ein vollständiges Verschließen des Panzers. Die Interpectoral- und Interfemoralnaht sollen kürzer sein als bei *K. scorpioides* (PRITCHARD 1979). Der Kopf ist graubraun und besitzt z. T. intensiv rot gefärbte Postorbitalstreifen (Streifen entlang der Schläfe). Bei manchen Formen sind nur einige rote oder orangerote Flecken auf den Kopfseiten vorhanden. Es gibt aber auch adulte Tiere, die keinerlei Rotfärbung mehr aufweisen. Weibchen besitzen in der Regel gelbe Kiefer. Bei den Männchen befinden sich noch dunkle Flecke und Striche darauf. Am Unterkiefer stehen bis zu drei Paar Barteln. Die Gliedmaßen sind dunkelgrau gefärbt.

Kinosternon cruentatum, juveniles Männchen (Guatemala)   Foto: M. Schilde

Größe: Carapaxlänge bis 15 cm, Männchen werden größer als Weibchen.

Geschlechtsunterschiede: Die Männchen haben einen kräftigeren und längeren Schwanz,

Kinosternon cruentatum, Männchen (Nicaragua)
Foto: M. Schilde

der in einem spitzen Hornnagel endet. Ihr Kopf ist größer und die Kiefer sind dunkler gefärbt. Im Alter wird der Kopf dunkler, sodass die Rotfärbung bei den Männchen oft verschwindet.

Lebensraum: In Chiapas lebt die Art in Flüssen und Strömen. Sie besiedelt Gewässer bis in eine Höhe von 500 m ü. NN. *K. cruentatum* lebt in ähnlichen Habitaten wie *K. scorpioides*.

Lebensweise: Auch die Lebensweise von *K. cruentatum* gleicht offenbar der von *K. scorpioides*.

Ernährung in der Natur: Diese Art frisst sowohl tierische als auch pflanzliche Kost, vermutlich vor allem Schnecken und Insekten. Sicherlich werden, ähnlich wie bei anderen Schlammschildkröten, auch Aas und Früchte angenommen.

Fortpflanzung: In Chiapas legen die Weibchen bis zu zehn Eier mit einer Größe von ca. 35 × 19 mm von März bis April. Die Nester werden in Wassernähe angelegt. Gelegentlich werden die Eier nur in oder unter kleinen Stauden und Büschen offen abgelegt, gelegentlich mit Blättern bedeckt.

Haltung: *K. cruentatum* hat sich als relativ verträglich erwiesen. Zwei bis drei Weibchen lassen sich in einem Becken von 80 × 40 cm Grundfläche gut zusammen pflegen. Die Männchen sollten einzeln gehalten werden. Da *K. cruentatum* aus Zentralamerika kommt, sollten die Wassertemperaturen nicht unter 25 °C sinken. Die Tiere werden ca. zwei Monate vor der Eiablage zur Paarung zusammengesetzt. Je nach Herkunft beginnt die Legesaison im Oktober und endet im März. Bei mir legten Weibchen aus Nicaragua im Januar und März. Bis zu drei Gelege im Abstand von vier Wochen sind möglich. Das Gelege kann aus 2–5 Eiern bestehen. Meist werden drei Eier abgelegt. Sie sind 32–38 × 18–19 mm groß. Die Inkubationsdauer beträgt bei ca. 28 °C 106–131 Tage. Die Eier von Tieren der Nicaragua-Honduras-Population benötigten bei mir ca. 160 Tage bei 28 °C bis zum Schlupf. Bei verschiedenen Lokalformen

Kinosternon cruentatum, Schlüpfling (Nicaragua)
Foto: M. Schilde

kommt es während der Embryonalentwicklung zu Diapausen. Oft bilden die Eier die beschriebene Binde aus, aber entwickeln sich dann nicht weiter. Die ersten vier Wochen sollten sie feucht inkubiert werden. Anschließend ist die Substratfeuchte für vier Wochen deutlich zu senken. Zum Ende der Inkubationszeit sollte das Substrat wieder angefeuchtet werden. Die Schlüpflinge lassen sich gut in Gruppen aufziehen. Sobald man die Geschlechter bestimmen kann, sollten sie getrennt werden. Die Geschlechtsreife wird mit vier Jahren erreicht. Terrarienkreuzungen mit *K. leucostomum leucostomum* und *K. integrum* kamen schon vor (SCHILDE, unveröffentl.).

Fütterung: *K. cruentatum* lässt sich leicht mit unterschiedlicher tierischer Kost ernähren. Es werden Fisch, Regenwürmer, Schnecken, *Zophobas* und Katzentrockenfutter angenommen. Ebenfalls konnte ich beobachten, wie einzelne Weibchen gern Salat oder Löwenzahn fraßen. Die Schlüpflinge sind gut mit Wasserflöhen, Mückenlarven und Bachflohkrebsen aufzuziehen.

Unterarten: Es sind mindestens fünf verschiedene Populationen bekannt, die z. T. keinen Kontakt zueinander haben und sich teilweise

Kinosternon cruentatum, Schlüpfling, Ventralansicht (Nicaragua). Ein kleiner Dottersackrest ist noch vorhanden. Foto: M. Schilde

morphologisch unterscheiden sollen (Smith & Smith 1979). Wahrscheinlich verbergen sich hinter *K. cruentatum* mehrere Unterarten, die einer genaueren taxonomischen Bearbeitung harren. Leider liegen nicht für alle Populationen Beschreibungen des Aussehens vor.
Hier werden die fünf Populationen nach Smith & Smith (1979) aufgeführt.

„Nördliche Golfküstenpopulation"
Verbreitung: Sie ist von Tamaulipas bis Nord-Veracruz verbreitet.

„Südliche Golfküstenpopulation"
Verbreitung: Ihr Vorkommen erstreckt sich nördlich von Tehuantepec, Mexiko.

„Yucatán-Population"
Verbreitung: Diese Form kommt auf der Halbinsel Yucatán vor.

Beschreibung: Die Tiere scheinen – nach Auswertung von Fotomaterial – denen aus Nicaragua und Honduras zu ähneln (Schilde, unveröffentl.).

„Nicaragua-Honduras-Population"
Verbreitung: Diese Tiere kommen in Nordost-Honduras und Nordwest-Nicaragua vor.

Beschreibung: Der Carapax ist sehr hoch, bei den Weibchen halbkugelförmig. In der Jugend sind die drei Kiele deutlich vorhanden. Im Alter sind die Seitenkiele noch angedeutet, und der Mittelkiel ist fast verschwunden. Entlang der Wirbelsäule ist dann der Carapax abgeflacht bzw. eingedellt. Die Färbung des Rückenpanzers ist sehr hell, oliv bis gelb mit dunklen Flecken. Jeder Schild wird von schwarzen Säumen umfasst. Es gibt aber auch einige fast schwarze Exemplare. Der Bauchpanzer ist gelblich bis orange. Die Schildnähte sind dunkel, ebenso bei vielen Tieren die Zuwachsstreifen. Der Kopf ist dunkelgrau, manchmal mit hellen Flecken. Jüngere Tiere besitzen auf den Schläfen feine rote Flecken. Auch die Nasenspitze ist dann rosarot gefärbt. Ältere Tiere besitzen in der Regel einen einfarbig grauen Kopf. Ihre Kiefer sind weiß. Bei den Männchen sind sie mit dunklen Flecken überzogen.

Kinosternon cruentatum, Weibchen (Nicaragua). Das Tier besitzt keine rötlichen Flecken mehr.
Foto: M. Schilde

Kinosternon cruentatum, Männchen, (Nicaragua). Nur noch wenige rötliche Flecken sind vorhanden.
Foto: M. Schilde

Kinosternon cruentatum, zwei Männchen (Nicaragua). Das linke Tier ist relativ dunkel, das rechte normal gefärbt. Foto: M. Schilde

Ihr Kopf ist größer und breiter. Drei Paar Barteln befinden sich am Unterkiefer. Diese Form erreicht ca. 15 cm Carapaxlänge, wobei Männchen größer werden können (SCHILDE, unveröffentl.).

„Pazifik-Population"
Verbreitung: Von Tehuantepec, Mexiko, bis El Salvador und daran anschließend bis Costa Rica auf der pazifischen Seite von Zentralamerika verbreitet.

Beschreibung: Der Carapax ist dunkelbraun bis schwarz mit schwarz gesäumten Schilden. Selbst Jungtiere besitzen in der Regel keine Kiele. Das Plastron ist gelblich, manchmal mit großen dunkelbraunen Flecken, oder vollständig dunkelbraun. Der Kopf ist besonders bei Tieren aus Guatemala intensiv rot gefärbt. An der Kopfseite befinden sich nur wenige schwarze Flecken und Striche. Das Schädeldach ist schwarz, und von der Nasenspitze bis zum Hals erstreckt sich ein breiter, leuchtend roter Streifen. Gliedmaßen und Weichteile sind dunkelgrau bis schwarz, manchmal blaugrau gefärbt. Die Kiefer sind gelblich, nur die Männchen zeigen eine dunkle Fleckenzeichnung darauf.

Die Tiere sind mit ca. 12 cm Carapaxlänge relativ klein (SCHILDE, unveröffentl.).

> **_Kinosternon integrum_** LE CONTE, 1854
> Mexikanische Klappschildkröte

Verbreitung: Die Mexikanische Klappschildkröte ist von Süd-Sonora, Süd-Chihuahua, Sinaloa auf dem Zentralplateau von Durango südwärts bis Zentral-Oaxaca und Südwest-Tamaulipas verbreitet.

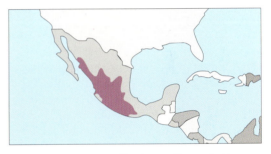

Terra typica: „Mexiko", von SMITH & TAYLOR (1950) auf „Acapulco, Guerrero", Mexiko, begrenzt.

Beschreibung: Der Carapax dieser Art weist im juvenilen Stadium drei Kiele auf. Diese bilden sich im Verlauf des Wachstums allmählich zurück. Der Mittelkiel bleibt jedoch z. T. erhalten und fällt im hinteren Bereich stark ab. Der Nuchalschild ist sehr schmal, der erste Vertebralschild so breit, dass er gewöhnlich die zweiten Marginalschilde berührt. Der Carapax kann gelblich, grau, hell- oder dunkelbraun gefärbt sein. Hellere Tiere besitzen dann manchmal feine dunkle Flecken auf dem Carapax. Die Schildnähte sind dunkel abgesetzt. Das Plastron ist relativ groß und hinten eingekerbt. Die Scharniere sind funktionstüchtig, sodass die Tiere ihren Panzer vollständig verschließen können. Wenn sich Inguinal- und Axillarschilde gelegentlich auf der breiten Brücke treffen, ist der Kontakt nur schmal. Brücke und Plastron

Kinosternon integrum, Männchen (Puerto Marquez, Guerrero, Mexiko)   Foto: M. Schilde

in der Regel glockenförmig oder dreieckig. Gliedmaßen und Weichteile sind dunkelgrau bis graubraun gefärbt.

K. integrum kann leicht mit *K. hirtipes* verwechselt werden. Die Art unterscheidet sich von Letzterer durch ihre glatte Haut, das Fehlen der Vinculae sowie die Kielung des Carapax, zumindest in der Jugend.

Größe: Männchen bis 20,2 cm; Weibchen bis 18,8 cm Carapaxlänge

Geschlechtsunterschiede: Männchen werden deutlich größer als Weibchen. Sie besitzen längere und dickere Schwänze mit einem hornigen Endnagel. Die Kiefer bei den Weibchen haben häufig keine dunkle Zeichnung. Auch das Kopfmuster ist bei Männchen intensiver. Ein weiteres Unterscheidungsmerkmal ist das konkave Plastron der Männchen.

Lebensraum: *K. integrum* ist eine der am weitesten verbreiteten Klappschildkrötenarten in Mexiko. Sie kommt von der pazifischen Küste bis zu einer Höhe von 3000 m ü. NN vor. In der Regel liegt das Verbreitungsgebiet über 800 m ü. NN. Zum Teil kommt *K. integrum* in denselben Flusssystemen (Río Panuco, Río Paploapan) wie *K. cruentatum* vor (sie sind also sympatrisch), die beiden Arten besiedeln aber unterschiedliche Gewässerabschnitte, die 30–40 km voneinander entfernt sind (sie leben also nicht synök) (BERRY 1978). *K. cruentatum* kommt gewöhnlich nicht über 300 m, selten bis 500 m ü. NN vor. Die Art lebt ebenfalls sympatrisch mit *K. hirtipes* auf dem südlichen Mexikanischen Plateau und mit *K. alamosae* sowie *K. sonoriense* in Nordwest-Mexiko. *K. integrum* wird in langsam strömenden Flüssen und tiefen Tümpeln, aber auch in Straßengräben gefunden. Die Gewässer sind vegetations-

sind gelblich mit dunklen Säumen. Der Kopf ist groß und oben dunkelbraun oder grau. Kopfseiten und Kehle sind heller und weisen dunkle Flecken auf. Der gelbliche Oberkiefer ist gehakt und teilweise mit dunklen Flecken und Strichen gezeichnet, ebenso der Unterkiefer. Zwei bis fünf Paar Barteln befinden sich am Unterkiefer, wobei das erste Paar auch das größte ist. Der Hals ist ebenfalls oberseits dunkler. Seiten und Unterseite können gelblich, rötlich oder dunkel gefleckt sein. Der Nasalschild ist

Kinosternon integrum, juveniles Weibchen

Foto: M. Schilde

reich und besitzen eine durchschnittliche Temperatur von 28 °C, obwohl in höheren Lagen zeitweise durchaus auch 20 °C unterschritten werden können.

Lebensweise: Über die Lebensweise dieser Art in der Natur ist nicht viel bekannt. Sie ist eine der anpassungsfähigsten Schlammschildkröten und wird häufig bei Wanderungen an Land gefunden, wodurch sie eine Vielzahl von unterschiedlichen Gewässertypen besiedeln kann, die von anderen Klappschildkrötenarten nicht genutzt werden.

Ernährung in der Natur: Vermutlich ist die Ernährung ähnlich wie bei anderen *Kinosternon*-Arten.

Fortpflanzung: Die Eier sind 30 × 16 mm groß. HARDY & MCDIARMID (1969) fanden im späten Juli, August und September Schlüpflinge in Sinaloa. EWERT (1979) vermaß 14 Schlüpflinge, deren durchschnittliche Carapaxlänge 27 mm betrug.

Haltung: Diese Art wurde von mir bei 22–28 °C und einem Wasserstand von 15–20 cm gehalten. Da die Tiere untereinander sehr aggressiv sind, empfehle ich dringend die Einzelhaltung. GRYCHTA (1996) pflegte sie auch in Gruppen von 1,2 Tieren ohne Probleme. Die Weibchen können regelmäßig, insbesondere während der Trächtigkeit, beim Sonnenbaden beobachtet werden. Männchen sonnen sich in der Regel nicht. Während des Sommers sollten die Tiere zur Paarung zusammengesetzt werden. GRYCHTA (1996) konnte dabei zeitweilig Nackenbisse durch das Männchen beobachten. Bei meinen Tieren kam es dazu aber nie. Eiablagen können von August bis März stattfinden. Bei GRYCHTA legte am 23.08.1992 ein Weibchen abends vier Eier ab. Diese besaßen eine Größe von 15–17 × 8 mm. Sie wurden bei 28 °C und 98 % relativer Luftfeuchte inkubiert.

Nach 102 Tagen schlüpfte das erste Jungtier. Ein Jungtier besaß zehn Tage nach dem Schlupf eine Carapaxlänge von 35 mm. Bei mir wurden bis zu drei Gelege pro Jahr produziert. Sie können 1–6 Eier umfassen. Bei GRYCHTA und bei mir kam es zu Verlusten bei der Aufzucht durch Ertrinken. Die Schlüpflinge sollten also nur mit einer Wassertiefe bis zur doppelten Carapaxhöhe gehalten werden.

Futter: Als Futter werden gern Regenwürmer, Schnecken, Rinderherz, Fisch und Katzentrockenfutter angenommen. Pflanzliche Nahrung wird nicht gefressen.

Unterarten: Unterarten wurden bis jetzt nicht beschrieben, obwohl es Unterschiede zwischen einzelnen Populationen geben kann.

Kinosternon chimalhuaca
BERRY, SEIDEL & IVERSON, 1997
Jalisco-Klappschildkröte

Verbreitung: Diese Art kommt in Jalisco und Colima (Mexiko) südlich vom Río San Nicolas und östlich bis zum Río Cihuatlán entlang der Pazifiküste vor.

Terra typica: Jalisco, Mexiko

Beschreibung: Der Carapax besitzt drei Längskiele, die nur schwach ausgebildet sind, und wirkt entlang der Wirbelsäule etwas eingedrückt. Er ist relativ breit, bei Männchen entspricht die Breite 56,6–69 % und bei Weibchen 61,8–71,0 % der Carapaxlänge. Der schmale

Kinosternon chimalhuaca, Männchen   Foto: M. Schilde

erste Vertebralschild berührt nur bei 12 % der Tiere den zweiten Wirbelschild. Der erste bis neunte Marginalschild liegen dorsal in einer Linie. Der zehnte liegt höher und der elfte wieder etwas niedriger – ein typisches Merkmal

für diese Art. Ihr Rückenpanzer kann dunkelbraun, oliv oder hellbraun sein. Meistens ist er dunkel gefleckt. Das Plastron ist relativ klein und gelb bis braun mit dunkleren Säumen. Es sind zwei Scharniere ausgebildet, wovon das

Kinosternon chimalhuaca, Männchen
Foto: M. Schilde

Kinosternon chimalhuaca, Männchen mit typischem V-förmigen Nasalschild   Foto: M. Schilde

vordere gerade und funktionstüchtig, das hintere gebogen und relativ starr ist. Eine Analkerbe ist vorhanden. Es sollen bei Jungtieren, manchmal auch bei adulten Exemplaren, Jahresringe auf Carapax und Plastron zu sehen sein. Die schmale Brücke ist meist dunkel gefleckt. Die Brückenlänge entspricht bei Männchen 15–21 % und bei Weibchen 20–23 % der Carapaxlänge. Axillar- und Inguinalschilde haben Kontakt. Die Grundfärbung des Kopfes kann dunkelgrün bis dunkelbraun sein. Darauf befindet sich eine gelbe, orangefarbene oder hellbraune Fleckenzeichnung. Der Nasalschild kann V-förmig oder glockenförmig ausgebildet sein. Die Unterseite von Kopf und Hals ist heller, meist gelblich oder grau. Zum Teil können sich dunkle Flecken in der Halsregion befinden. 4–8 Reihen von Hautwarzen sitzen an den Seiten und auf der Oberseite des Halses. Am Kinn befinden sich 1–4 Paar Barteln. Die Kiefer sind weißlich, z. T. mit einer dunklen Fleckenzeichnung, und der Oberkiefer ist stark gehakt. Weichteile und Oberseite der Gliedmaßen sind dunkelbraun bis grau gefärbt. Die Unterseite der Gliedmaßen soll heller sein.

Größe: Männchen können bis 15,7 cm und Weibchen bis 12,7 cm Carapaxlänge erreichen.

Geschlechtsunterschiede: Die Männchen besitzen längere Schwänze mit einem spitzen Endnagel. Ihre Köpfe sind größer. Außerdem ist bei adulten Männchen das Plastron konkav geformt und kleiner als bei den Weibchen. Die Analkerbe ist bei den Männchen deutlich länger. Die Kiefer der Männchen können eine dunkle Musterung aufweisen und stärker gehakt sein.

Lebensraum: BERRY et al. (1997) fanden die Art in einem klaren Teich in der Nähe von Jalisco mit reichlich Vegetation. Ebenso wurden die Tiere in schlammigen, permanenten Tümpeln und klaren, flachen, temporären Flüssen gefunden. Ruhige vegetationsreiche Gewässer werden aber bevorzugt.

Lebensweise: Aufgrund von Terrarienbeobachtungen ist bekannt, dass diese Art eine Trockenruhe durchführt.

Ernährung in der Natur: Vermutlich ernährt die Jalisco-Klappschildkröte sich ähnlich wie *K. integrum* von verschiedenen Mollusken, Würmern und Insekten. Wahrscheinlich wird auch pflanzliche Nahrung aufgenommen.

Fortpflanzung: Es wird vermutlich ein Gelege mit 2–5 Eiern pro Jahr abgesetzt. Die Eigröße liegt bei 29,0–36,6 × 16,8–18,2 mm. Die Eier werden zwischen Juli und August gelegt. Das kleinste gefundene geschlechtsreife Weibchen war 9,9 cm groß und 7–8 Jahre alt. Das kleinste adulte Männchen hatte eine Carapaxlänge von 10,5 cm bei einem Alter von 5–7 Jahren.

Haltung: Diese Art lässt sich wie *K. integrum* halten und vermehren. OPITZ (schriftl. Mittlg.) hält sein Weibchen zusammen mit anderen *Kinosternon*-Weibchen. Das Männchen wird ebenfalls gemeinsam mit anderen Schildkrötenarten gepflegt. Beide Tiere sind sehr friedfertig.

Kinosternon chimalhuaca, Schlüpfling, eine Woche alt
Foto: M. Schilde

Von Juni bis Anfang August ästivieren sie, anschließend werden sie verpaart. Von August bis Januar werden 3–4 Gelege abgesetzt. Sie können bis zu fünf Eier enthalten. Die Eier sind durchschnittlich 35 × 11,5 mm groß. Bei Temperaturen von 26–30 °C und 100 % Luftfeuchte werden die Eier auf Sand inkubiert. Die Jungen schlüpfen nach 180–200 Tagen. Es kann aber auch zu einer Unterbrechung in der Embryonalentwicklung kommen. Diapausen von bis zu sechs Monaten sind aufgetreten. Die Schlüpflinge haben eine Carapaxlänge von 25 mm und sind dunkelgrau gefärbt. Der Kopf ist gelblich bis hellbraun und die Kehle grau mit dunklen Flecken. Vom Mundwinkel bis zum Auge zieht sich ein gelber Streifen. Im Alter von 6–8 Wochen nehmen sie die Erwachsenenfärbung an. Die Elterntiere waren zum Zeitpunkt der Vermehrung 16,5 cm (Männchen) und 14,5 cm (Weibchen) groß und ca. 14 Jahre alt.

Fütterung: Es wird nur tierisches Futter wie Fisch, Regenwürmer, Rinderherz, Schnecken u. Ä. angenommen.

Unterarten: Die Tiere vom Río Purificación unterscheiden sich geringfügig von Exemplaren anderer Populationen durch ihre hellere Färbung (BERRY et al. 1997).

Oben: *Kinosternon chimalhuaca*, Jungtiere im Alter von drei Monaten, einem Monat und einer Woche (von links nach rechts). Man beachte die Farbänderung.
Unten: Plastronansicht derselben Jungtiere
Fotos: M. Schilde

> ### *Kinosternon oaxacae*
> BERRY & IVERSON, 1980
> Oaxaca-Klappschildkröte

Verbreitung: Das Verbreitungsgebiet dieser Art beschränkt sich auf die Flusssysteme des Río Colotepec und Río Tonameca an der Pazifikküste von Oaxaca, Mexiko. Seit Juli 2000 ist sie auch für Südost-Guerrero nachgewiesen (BUSKIRK, schriftl. Mittlg).

Terra typica: : „11,6 km N of Pochutla (San Pedro Pochutla) along des Mexican Highway 175 (ca. 235 m), Oaxaca, Mexiko (15° 46' N, 96° 28' W)"

Beschreibung: Der zusammengedrückte und stark dreigekielte Carapax ist braun bis schwarz gefärbt. Bei helleren Exemplaren sind die Schilde schwarz gesäumt, und manchmal befinden sich dunkle Flecken auf ihnen. Die einzelnen Schilde überlappen sich leicht. Der Nuchalschild ist klein und länger als breit. Bei Jungtieren ist der Carapax breiter und runder; der Mittelkiel ist stärker ausgebildet als die Lateralkiele. Die Grundfarbe ist mehr oliv bis braun mit dunklen Schildrändern. Das Plastron ist relativ klein und besitzt zwei frei bewegliche Plastronlappen, wobei das vordere Scharnier gerade und das hintere gebogen geformt ist. Das Plastron besitzt am vorderen Scharnier nur 65–67 % der Carapaxbreite. Zwischen den Analschilden befindet sich eine Kerbe. Sowohl

Kinosternon oaxacae, Männchen (Oaxaca, Mexiko)
Foto: J. B. Iverson

Kinosternon oaxacae, Männchen, (Oaxaca, Mexiko)　　　　　　　　　　　Foto: J. B. Iverson

Oben: Habitat von *Kinosternon oaxacae* im Südosten von Guerrero, Mexiko

Links: *Kinosternon oaxacae*, Jungtier (SO-Guerrero, Mexiko)　　　　　　　　Fotos: J. Buskirk

Plastron als auch Brücke sind gelb bis bräunlich mit dunklen Säumen, manchmal auch braun gefleckt. Inguinal- und Axillarschild berühren sich. Der Kopf ist relativ groß, oben dunkel gesprenkelt, und an seinen Seiten befindet sich ein helles Muster aus Flecken und Strichen. Die Unterseite ist gelblich gefärbt und besitzt dunkle Flecken. Der Nasalschild ist V- oder glockenförmig. Die Kiefer sind hell und z. T. mit dunklen Strichen gemustert. Der Oberkiefer ist gehakt, und am Unterkiefer sitzen 3–4 Paar Barteln. Die Oberseite der Gliedmaßen zeigt sich braun oder grau, die Unterseite ist heller gefärbt. Ebenfalls graubraun sind die Weichteile.

Der Schwanz endet in einem spitzen Hornnagel. Beide Geschlechter besitzen an den Hinterbeinen vergrößerte Hornschuppen (Haftpolster).

Größe: Maximale Carapaxlänge von 17,5 cm bei Männchen und 15,7 cm bei Weibchen

Geschlechtsunterschiede: Neben dem längeren Schwanz besitzen die Männchen ein konkaves Plastron, das auch deutlich kleiner ist. Die Kerbe zwischen den Analschilden ist bei ihnen stärker ausgebildet. Sie werden im Durchschnitt etwas größer.

Lebensraum: Diese Art kommt von der Küste bis in eine Höhe von über 800 m ü. NN vor. Es werden temporäre Gewässer wie Teiche, Sümpfe und Wassergräben, im Gebirge auch permanente Fließgewässer besiedelt. Bevorzugt werden aber stille, trübe Tümpel und Teiche. Von der nächstverwandten Art, dem im Río-Papagayo-System vorkommenden *K. integrum*, trennt sie eine Strecke von ca. 125 km. Obwohl auch in dieser „Zwischenzone" geeignete Habitate vorhanden sind, konnten weder *K. oaxacae* noch *K. integrum* gefunden werden (IVERSON 1986). Vor kurzem (Juli 2000) wurde im südöstlichsten Guerrero die Art an zwei Fundorten sowie als Straßenverkehrsopfer am Stadtrand von Acapulco durch BUSKIRK und CLAIRIOT nachgewiesen (BUSKIRK, schriftl. Mittlg.). Die Tiere leben in Wassertiefen von 75–100 cm.

Lebensweise: *K. oaxacae* ist vermutlich saisonal aktiv. Gelegentlich konnten Tiere nach Regenfällen beim Überqueren von Straßen beobachtet werden. Es ist nicht bekannt, ob die Art eine Trockenruhe durchführt.

Ernährung in der Natur: Im Verdauungstrakt wurden vor allem Pflanzenmaterial, Früchte, Samen, aber auch Reste von Tieren gefunden. Käfer, Krebstiere, Amphibien (*Bufo marinus*) und Fische wurden nachgewiesen. *K. oaxacae* scheint ein ausgesprochener Allesfresser zu sein und kommt im Notfall auch ausschließlich mit pflanzlicher Nahrung aus (IVERSON 1986).

Fortpflanzung: Die Regenzeit dauert von Juni bis Oktober. Im Juni und Juli finden vermutlich die Paarungen statt. Die Eier werden Ende Juli gelegt. Nach der Anzahl von Follikeln bei sezierten Weibchen vermutet man Gelegegrößen von 2–6 Eiern. Die Jungen schlüpfen während des Herbstes, verbleiben wahrscheinlich aber bis zur nächsten Sommerregenzeit im Nest. Die Geschlechtsreife tritt bei Männchen mit ca. 11,3–12,5 cm Carapaxlänge und einem Alter von 7–11 Jahren ein, bei Weibchen mit ca. 11,5 cm und ca. 8–9 Jahren.

Haltung: Die Tiere sind sehr scheu und besitzen ein wenig aggressives Temperament. Beim Hochheben wird zwar gelegentlich von einigen Individuen das Maul zur Abwehr aufgerissen, aber dabei ist der Kopf stets zurückgezogen (IVERSON 1986).

Fütterung: Als Nahrung sollten unbedingt Löwenzahn und Früchte angeboten werden. Hauptsächlich wird wahrscheinlich aber tierische Nahrung wie Insekten, Fisch, Schnecken usw. angenommen.

> ### *Kinosternon alamosae*
> BERRY & LEGLER, 1980
> Alamos-Klappschildkröte

Verbreitung: Die Art ist in Mexiko von Hermosillo, Sonora, im pazifischen küstennahen Tiefland bis Sinaloa und Guasave verbreitet.

Terra typica: „Rancho Carrizal, 7,2 km north and 11,5 km west of Alamos, Sonora, Mexiko" (= Carrizal-Ranch, 7,2 km nördlich und 11,5 km westlich von Alamos, Sonora, Mexiko), 27° 05' N, 109° 03' W

Beschreibung: Der schmale und ovale Carapax ist oben abgeflacht. Er besitzt keine Kiele. Normalerweise berührt der erste Vertebralschild nicht den zweiten Marginalschild. Der erste und

Kinosternon alamosae, Weibchen　　　　　Foto: J. B. Iverson

Größe: Männchen erreichen eine Carapaxlänge von 13,5 cm, Weibchen nur 12,6 cm.

Geschlechtsunterschiede: Neben dem größeren, dickeren Schwanz und dem längeren Panzer unterscheiden sich die Männchen durch braun gestreifte Kiefer und ein konkaves Plastron von den Weibchen. Sie sind von oben betrachtet schmaler als die Weibchen.

zehnte Marginalschild sind höher als die restlichen, wobei der zehnte der Höchste ist. Die dunkel gesäumten Carapaxschilde sind beige, braun oder oliv. Die Nähte der darunter liegenden Knochenplatten können manchmal durchscheinen. Das Plastron ist gelblich oder gelbbraun mit dunklen Säumen und Jahresringen. Die Scharniere sind gut ausgebildet, sodass der Panzer fast vollständig verschlossen werden kann. Zwischen den Analschilden kann sich eine schwach ausgebildete Kerbe befinden. Die Brücke ist relativ lang, 26–33 % der Carapaxlänge. Axillar- und Inguinalschilde treffen nicht zusammen. Der relativ breite Kopf besitzt eine kurze Schnauze mit leicht gehaktem Oberkiefer. Der Nasalschild ist glockenförmig. Der Kopf ist oliv bis bräunlich oder grau. Auf der Oberseite stehen dunkle Flecken. Vom Auge bis zum Mundwinkel zieht sich ein blasser gelber Streifen. Die Kiefer sind cremefarben bis grau. Am Kinn sitzt nur ein Paar Barteln. Der Hals ist oben grau und unten gelblich. Die sonstigen Weichteile und die Gliedmaßen sind grau oder braun. Der Schwanz endet ebenfalls in einem Hornnagel.

Lebensraum: *K. alamosae* besiedelt vor allem temporäre Gewässer der pazifischen Küstenregion, kommt aber auch bis in 1000 m ü. NN vor. Einige dieser Wasseransammlungen trocknen während der Trockenzeit vollständig aus. Es wurden schon einige Exemplare in nur 10 cm tiefen Tümpeln gefangen. Die Wassertemperatur war so hoch, dass man kaum darin hantieren konnte – bis zu 42 °C wurden gemessen (IVERSON 1989a). In permanenten Gewässern konnten dagegen keine *K. alamosae* gefunden werden. Dort wird die Art von *K. integrum* ersetzt.

Lebensweise: Der Jahresrhythmus der Alamos-Schlammschildkröte ist durch Regen- und Trockenzeit geprägt. Während der Trockenzeit ästivieren die Tiere im trockenen Schlamm am Grund der Gewässer. Die größte Aktivität zeigen sie während der Regenzeit in den feuchtesten Monaten von Juli bis September. Gelegentlich kann die Art beim Sonnenbaden beobachtet werden.

Fortpflanzung: Nach BERRY & LEGLER (1980) beginnt die Reifung der Follikel zu Beginn der Regenzeit. Paarungen sollen Ende Juli stattfinden.

Zum Ende der Regenzeit im Oktober oder November werden bis zu fünf relativ kleine Eier gelegt: Zwei entnommene Eier maßen 25,7 × 16,5 mm und 27,6 × 16,4 mm. Wahrscheinlich kann ein zweites Gelege pro Saison abgesetzt werden.

Haltung: Bisher sind keine Erfahrungen bekannt.

> ### *Kinosternon hirtipes* (WAGLER, 1838)
> Raufuß-Klappschildkröte

Verbreitung: *K. hirtipes* kommt von Südwest-Texas und Nord-Chihuahua über Chapala, Zapotlán, San Juanico, Pátzcuaro bis ins Tal von Mexiko vor.

Kinosternon hirtipes hirtipes, Männchen
Foto: M. Schilde

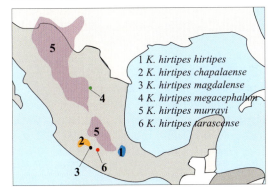

1 *K. hirtipes hirtipes*
2 *K. hirtipes chapalaense*
3 *K. hirtipes magdalense*
4 *K. hirtipes megacephalum*
5 *K. hirtipes murrayi*
6 *K. hirtipes tarascense*

Terra typica: „Mexiko"; eingegrenzt von SCHMIDT (1953) auf „lakes near Mexiko City" (= Seen nahe Mexiko-Stadt)

Beschreibung: Der ovale Carapax ist relativ hoch und zumindest in der Jugend mit drei Kielen versehen. Er ist oliv bis braun mit dunklen Säumen. Der erste Vertebralschild berührt den zweiten Marginalschild. Der Mittelkiel ist im Allgemeinen gut entwickelt und im vorderen Bereich abgeflacht. Die Marginalschilde sind sehr schmal, ausgenommen der erhöhte zehnte. Das Plastron ist kurz und schmal, wobei der hintere Plastrallappen schmaler ist als der vordere. Die zwei Scharniere sind gut entwickelt.

Der Panzer kann aber trotzdem nicht vollständig verschlossen werden. Das Plastron ist beige bis braun mit dunkelbraunen Säumen. Zwischen den Analschilden befindet sich eine Kerbe, und der Gularschild ist zweimal so lang wie die Interhumeralnaht. Die Brücke ist relativ kurz. Inguinal- und Axillarschilde treffen breitflächig zusammen. Kopf und Hals sind beige bis schwarz mit einem feinen hellen Netzmuster gezeichnet. Tendiert die Grundfarbe ins Helle, dann ist das Muster dunkel. Die Kiefer sind beige bis grau gefärbt und können feine dunkelbraune Streifen und Flecken besitzen. Am Kinn sitzen drei Paar Barteln. Der Nasalschild ist in der Regel hinten gegabelt. Gliedmaßen und Weichteile können oliv oder bräunlich sein.

Größe: Männchen bis 18,5 cm, Weibchen bis 15,7 cm Carapaxlänge

Geschlechtsunterschiede: Die Männchen werden größer und besitzen längere Schwänze mit einem spitzen Endnagel. Sie haben Haftpolster an den Hinterbeinen. Das Plastron ist konkav geformt und der Marginalrand ist schmaler. Der

Kinosternon hirtipes tarascense, Männchen. Deutlich sind die Hauttuberkel auf dem Schwanz zu erkennen, die ein wichtiges Erkennungsmerkmal darstellen.

Foto: G. Schaffer

Geschlechtsdimorphismus ist je nach Unterart unterschiedlich ausgeprägt.

Lebensraum: *K. hirtipes* kommt in einer Höhe von 800–2600 m ü. NN vor. Es werden Seen, Teiche, Sümpfe, Flüsse und Bäche in trockenen Grasländern besiedelt, in der Regel bevorzugt werden permanente Gewässer. In Texas kommt die Art auch in Rindertränken vor.

Lebensweise: *K. hirtipes* ist eine stark aquatile Schildkröte, die ihre Hauptaktivität zwischen 21.00 und 0.00 Uhr aufweist (GEHLBACH zit. in ERNST 1994). Die Tiere überwintern unter alten Blättern und Pflanzenteilen. Manchmal können sie beim Sonnen beobachtet werden. *K. hirtipes* besitzt eine größere Bindung ans Wasser als die Gelbliche Klappschildkröte (*K. flavescens*), die im gleichen Gebiet lebt. Die beiden Arten kommen also zwar syntop, aber nie synök vor. Ähnlich wie bei dem nahe verwandten *K. sonoriense* wird keine Ästivation durchgeführt. In Chihuahua wurde eine Population im Río Santa Maria in 1450 m ü. NN gefunden. Der Fluss war 1–2 m breit und zwischen 10 cm und 1 m tief. Der Bodengrund bestand aus Kies oder Sand, das Wasser war klar und schnell fließend. Die

Schildkröten zogen sich meist unter die überhängende Uferböschung zurück. Sie waren hauptsächlich tagaktiv und konnten bei der Nahrungssuche beobachtet werden (IVERSON et al. 1991). Im Gegensatz zu *K. integrum* sind Wanderungen über Land nicht bekannt.

Ernährung in der Natur: Die Nahrung dieser Schlammschildkröten besteht nur aus tierischen Komponenten. Gefressen werden vor allem Schnecken, Wasserinsekten und Krebstiere, aber auch Würmer, Fische und Amphibien.

Fortpflanzung: Eiablagen finden je nach Verbreitungsgebiet von Mai bis September statt. Es können zwischen zwei und vier Gelege pro Jahr abgesetzt werden. Sie umfassen 1–7, gewöhnlich drei elliptische Eier (ERNST & BARBOUR 1972; IVERSON 1981; IVERSON et al. 1991). Die meisten Weibchen produzieren zwei Gelege im Juli, deren Eizahl positiv mit der Carapaxlänge und dem Gewicht korreliert. Auch Eimasse und -breite, nicht aber die Eilänge sollen mit der Körpergröße und -masse des Weibchens positiv korrelieren (IVERSON et al. 1991). EWERT (1979) stellte Eimaße von 28 × 17 mm fest, IVERSON (1981) und IVERSON et al. (1991c) in mexikanischen Populationen solche von 24,2–33,2 × 14,6–18,6 mm. Die Eimasse liegt im Durchschnitt bei 4,8 g (3,8–6,6 g). Die Jungtiere schlüpfen nach 196–201 Tagen und haben eine Carapaxlänge von 20–27 mm (RUDLOFF 1986). Die Embryonalentwicklung kann durch eine Diapause unterbrochen werden. Weibchen werden in der Natur mit 6–8 Jahren bei einer Größe von 9,5–10 cm geschlechtsreif (IVERSON et al. 1991). Männchen sind beim Eintritt in die Geschlechtsreife fünf Jahre alt und größer als die Weibchen. Bei der Balz unterschwimmt das Männchen die Partnerin und berührt mit seiner Nase ihre Kehle (SCHAFFER, OPITZ, mündl. Mittlg.). *K. hirtipes* ist die einzige Art der Schlammschildkröten, bei der solch ein hoch entwickeltes Balzverhalten bekannt ist, das man deshalb als apomorphes Merkmal (in jüngerer Zeit entwickeltes, abgeleitetes Merkmal) werten kann.

Haltung: Die Raufuß-Klappschildkröte wird selten im Terrarium gehalten und gezüchtet, da sie aus ihren Heimatländern nicht importiert wird. Prinzipiell ist sie ähnlich zu pflegen wie *K. integrum*. Im Winter kann die Temperatur für vier Wochen problemlos auf 20 °C oder etwas darunter gesenkt werden. Die Zucht ist RUDLOFF (1986), OPITZ (mündl. Mittlg.) und SCHAFFER (mündl. Mittlg.) gelungen. Bei OPITZ kam es erst zu einen erfolgreichen Schlupf, nachdem ein Weibchen von *K. hirtipes hirtipes* sein Gelege mit fünf Eiern in einem Freilandterrarium im September abgesetzt hatte. Die Eier lagen zu Anfang im Freiland kühl. Nachdem sie in einen Inkubator überführt worden waren, kam es zu einer Entwicklung. Wenn die Eier dagegen gleich bei hohen Temperaturen gezeitigt wurden, entwickelten sie sich meist nicht weiter. Ähnliche Beobachtungen konnte SCHAFFER machen. Seine *K. hirtipes tarascense* besitzen 10–12 cm Carapaxlänge. Die Tiere werden einzeln gehalten, obwohl keine Aggressivität bei einer gemeinsamen Haltung beobachtet wurde. SCHAFFER lässt seine Tiere eine dreimonatige Winterruhe bei 12 °C durchführen. Selbst bei diesen Temperaturen wird noch gelegentlich Futter aufgenommen. Den Rest des Jahres werden die Schildkröten bei 25 °C gehalten. Ein Gelege mit 3–6 Eiern wird pro Jahr abgesetzt. Die Eier hatten eine Größe von 30–32,5 × 16–17 mm. Das Gewicht lag zwischen 5,12 und 5,40 g. SCHAFFER setzt die Eier einer Diapause von 70 Tagen bei 16–20 °C aus. Dabei sind vermutlich die Temperaturschwankungen wichtig: Bei konstant 16 °C kam es nicht zu einer Weiterentwicklung. Anschließend werden die Eier in einem Inkubator bei 29 °C weiter bebrütet. Die Jungen schlüpfen nach 200–212 Tagen und sind 23,0–24,0 mm lang sowie 15,5–16,0 mm breit. Das Gewicht

Kinosternon hirtipes tarascense, Schlüpfling
Foto: G. Schaffer

liegt bei 3,5 g. Bei OPITZ (schriftl. Mittlg.) ästivierte nur das Zuchtweibchen von Juni bis Juli. Es brachte zwischen zwei und drei Gelege pro Saison, von August bis Januar, hervor. Bis zu sieben Eier wurden produziert. Auf die Zufütterung von Kalzium ist beim Weibchen besonders zu achten, da es sonst zu Skeletterkrankungen kommen kann. Die Eier von *K. hirtipes hirtipes* waren 33 × 10,5 mm groß.

Kinosternon hirtipes tarascense, Schlüpflinge, Ventralansicht
Foto: G. Schaffer

Sie wurden bei 26–28 °C und 100 % relativer Luftfeuchte auf Sand inkubiert. Nach 150–230 Tagen schlüpften die Jungen. Sie besaßen 25 mm Carapaxlänge und wiesen keine Kopfzeichnung auf, sondern waren einfarbig dunkel. Das Kopfmuster bildete sich erst nach drei Monaten aus. Die Alttiere waren gegenüber anderen Schildkröten sehr friedlich. Zum Zeitpunkt der Zucht maß das Männchen 11,2 cm und das Weibchen 10,2 cm.

Fütterung: Es können Rinderherz, Fisch, Katzenpellets, Schnecken, Regenwürmer, getrocknete Garnelen usw. verfüttert werden. Bei OPITZ werden auch gelegentlich Pflanzen wie Löwenzahn, Salat, Spinat und Wasserpflanzen gefressen.

Unterarten: Sechs verschiedene Unterarten wurden von IVERSON (1981) bearbeitet und bechrieben. Sie unterscheiden sich durch Panzermerkmale voneinander und sind mit Ausnahme von *K. hirtipes murrayi* bislang überwiegend nur von ihren ursprünglichen Fundorten (Terra typica) bekannt

Kinosternon hirtipes hirtipes
(WAGLER, 1838)

Verbreitung: Tal von Mexiko

Terra typica: „Mexiko"; eingegrenzt von SCHMIDT (1953) auf „lakes near Mexiko City" (= Seen in der Nähe von Mexiko-Stadt)

Beschreibung: Der Carapax besitzt drei Kiele. Der Schnauzenschild ist rhombisch oder glockenförmig, der Kopf gesprenkelt; vom Mundwinkel verläuft ein heller Streifen zum Hals. Am Unterkiefer befinden sich ein oder zwei Paar Barteln. Das vordere Paar ist immer größer. Die Brücke ist kurz (Männchen 17,6 %, Weibchen 21,7 % der Carapaxlänge). Die

Interfemoralnaht ist kurz (bei Männchen 6,9 %, bei Weibchen 7,1 % der Carapaxlänge), die Interanalnaht lang (bei Männchen 20,6 %, bei Weibchen 25,8 % der Carapaxlänge). Die durchschnittliche Carapaxlänge liegt bei 14 cm.

Kinosternon hirtipes chapalaense
IVERSON, 1981

Verbreitung: Mexiko, im Lago de Chapala, Laguna de Zapotlán in Jalisco und Michoacán

Terra typica: „Lake Chapala, 0,25 mile off Chapala, Jalisco, México (20° 18' N, 103° 12' W)" (= Chapala-See, 0,25 Meilen von Chapala, Jalisco, Mexiko)

Beschreibung: Kopf und Nacken sind relativ hell gefärbt und besitzen nur einige größere dunkle Flecke und Netzmuster. Es können zwei dunkle Postorbitalstreifen vorhanden sein. Hals und Kinn sind in der Regel ungefleckt. Die Kiefer sind mit dunklen Streifen und Flecken gezeichnet. Der Schnauzenschild ist nur halbmondförmig ausgebildet. Ein bis drei Paar Barteln sitzen am Unterkiefer, von denen das erste am größten ist. Die Brücke ist relativ lang und misst bei Männchen 20,3 %, bei Weibchen 25,3 % der Carapaxlänge. Die Interanalnaht ist ebenfalls lang (bei Männchen 19,1 %, bei Weibchen 25,2 % der Carapaxlänge). Männchen können bis 15,2 cm, Weibchen bis 14,9 cm Carapaxlänge erreichen.

Kinosternon hirtipes magdalense
IVERSON, 1981

Verbreitung: Diese Unterart ist nur von der Terra typica, dem Magdalena-Tal von Michoacán, Mexiko, bekannt.

Terra typica: „along the face of the dam at Presa San Juanico, Michoacán (ca. 19° 50' N,

102° 40' W)", Mexiko (= am Fuß des Damms von Presa San Juanico, Michocán)

Beschreibung: Der Kopf ist hellbraun bis oliv und mit feinen dunklen Sprenkeln und Flecken gezeichnet. Die Kiefer sind meist nicht oder wenig gestreift. Am Kinn befinden sich zwei Bartelpaare. Der große Schnauzenschild ist V-förmig ausgebildet. Die Brücke ist kurz (bei Männchen 18,5 %, bei Weibchen 19,7 % der Carapaxlänge), der Kehlschild ebenfalls (bei Männchen 9,9 %, bei Weibchen 11% der Carapaxlänge). Die Interpectoralnaht dagegen ist lang und misst bei Männchen 8,7 %, bei Weibchen 11 % der Carapaxlänge. Männchen können bis 9,4 cm und Weibchen bis 9,1 cm Carapaxlänge erreichen.

Kinosternon hirtipes megacephalum
IVERSON, 1981

Verbreitung: *K. hirtipes megacephalum* ist nur von der Terra typica in Südwest-Coahuila, Mexiko, bekannt. Da keine natürlichen Gewässer im Verbreitungsgebiet mehr existieren, wird vermutet, dass diese Unterart ausgestorben ist.

Terra typica: „3,2 km SE Viesca (25° 21' N, 102° 48' W), Coahuila", Mexiko.

Beschreibung: Der große, vorne dreieckig wirkende Kopf ist braun bis oliv gefärbt und mit dunklen Streifen, Flecken oder einer Netzzeichnung versehen. Drei bis vier Paar Barteln sitzen am Unterkiefer. Das erste Paar ist auch bei dieser Unterart am größten. Auf der Höhe des Trommelfelles soll sich ein weiteres Paar befinden. Der Schnauzenschild ist V-förmig. Das Plastron ist relativ klein und die Brücke kurz – bei Männchen 17,3 %, bei Weibchen 23,9 % der Carapaxlänge. Der kurze Kehlschild misst bei Männchen 11 % und bei Weibchen 12,8 % der

Länge des Carapaxes. Die Interanalnaht ist ebenfalls kurz (bei Männchen 15,9 % und bei Weibchen 20,9 % der Carapaxlänge). Die Carapaxlänge der Männchen liegt bei 9,9 cm, die der Weibchen bei 11,7 cm.

Kinosternon hirtipes murrayi
GLASS & HARTWEG, 1951

Verbreitung: Diese Unterart ist vom äußersten Süden der USA (West-Texas) über Nord-Chihuahua bis Zacatecas bekannt.

Terra typica: „Harper Ranch, 37 miles south of Marfa, Presidio County, Texas"

Beschreibung: Der braun bis oliv gefärbte Kopf besitzt eine dunkle Zeichnung aus Flecken und Streifen, manchmal auch eine Netzmusterung. Am Unterkiefer sitzen nur zwei Paar Barteln, von denen das erste größer ist. Der Schnauzenschild ist V-förmig. Die Brücke ist relativ lang, bei Männchen 20 % und bei Weibchen 23,7 % der Carapaxlänge. Der Kehlschild ist ebenfalls lang (bei Männchen 14,7 % und bei Weibchen 15,8 % der Länge des Carapaxes). *K. hirtipes murrayi* ist mit 18,2 cm Carapaxlänge im männlichen und 15,7 cm im weiblichen Geschlecht die größte Unterart.

Kinosternon hirtipes murrayi   Foto: M. Schilde

Kinosternon hirtipes tarascense
Dieses Männchen besitzt eine nach
oben zeigende Nase.
Foto: G. Schaffer

Kinosternon hirtipes tarascense. Dieses Männchen besitzt eine spitzere, nach oben zeigende Nase.
Foto: G. Schaffer

Kinosternon hirtipes tarascense
IVERSON, 1981

Verbreitung: Mexiko im Becken des Lago de Pátzcuaro, Michoacán

Terra typica: „Lago de Pátzcuaro, adjacent to city of Pátzcuaro (19° 32' N, 101° 36' W)", Michoacán, Mexico (= Pátzcuaro-See, angrenzend an die Stadt Pátzcuaro)

Beschreibung: Der Kopf ist fein dunkel gefleckt und gesprenkelt. Zwei Paar Barteln befinden sich am Unterkiefer. Der Schnauzenschild ist V-förmig ausgebildet. Die Brücke ist kurz (Männchen 18 %, Weibchen 21,4 % der Carapaxlänge). Der Kehlschild ist auch kurz, bei Männchen 10,6 % und bei Weibchen 12,6 % der Länge des Carapaxes. Die Interpectoralnaht ist dagegen lang (Männchen 10,1 %, Weibchen 8,5 % der Carapaxlänge). Männchen können bis 13,6 cm und Weibchen bis 13,2 cm lang werden.

Kinosternon sonoriense LE CONTE, 1854
Sonora-Klappschildkröte

Verbreitung: Das Verbreitungsgebiet dieser Art erstreckt sich vom Colorado River und Bill Williams River in Arizona und Kalifornien östlich bis zum Gila River in New Mexiko (USA) und südlich bis zum Río-Yaquai-Becken in Mexiko.

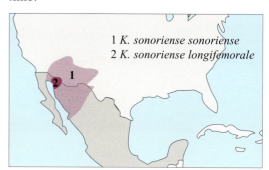

1 *K. sonoriense sonoriense*
2 *K. sonoriense longifemorale*

Terra typica: „Tucson, in Sonora" (Arizona, USA).

Beschreibung: Der Carapax ist oliv- bis dunkelbraun mit dunkelbraunen oder schwarzen Schildnähten. Die Marginalschilde können gelblich bis braun gefärbt und mit dunkeln Säumen und Flecken gezeichnet sein. Es gibt aber auch hellbraune Exemplare. Der Carapax ist glatt und relativ flach. Ein bis drei Kiele können vorhanden sein. Die Lateralkiele bilden sich aber im Lauf des Wachstums gewöhnlich zurück. Der erste Vertebralschild berührt den zweiten Marginalschild. Der zehnte Marginalschild ist größer als die restlichen Marginalschilde. Die Schilde des gelblichen Plastrons sind dunkel gesäumt. Die Scharniere sind gut ausgebildet. Die graue Haut ist nur an Kopf, Hals und Kiefer mit dunklen Flecken versehen. Hellere Flecken schließen sich zu einem angedeuteten Streifen auf jeder Kopfseite zusammen. Der Kopf ist abgeflacht und besitzt gehakte cremefarbene Kiefer, die dunkle Flecken aufweisen. Am Unterkiefer besitzt die Art vier lange Kinnbarteln.

Größe: Männchen bis 15,5 cm, Weibchen bis 17,5 cm Carapaxlänge

Geschlechtsunterschiede: Der Schwanz ist bei Männchen deutlich länger und mit einem Endnagel versehen. Das Plastron ist konkav geformt und an den Hinterbeinen besitzen die Männchen Haftpolster. Viele neigen im Alter zum Melanismus (HULSE 1976b).

Lebensraum: Diese Klappschildkröte lebt in permanenten Flüssen, Bächen, vegetationsreichen Teichen und Gräben sowie in Quellseen, die sich gewöhnlich in Wäldern befinden. Der Bodengrund kann steinig sein. Bis in eine Höhe von 2042 m ü. NN werden solche Gewässer und selten auch temporäre Gewässer besiedelt. *K. sonoriense* wurde auch schon bis zu 8 km entfernt vom nächsten permanenten Gewässer in Farmteichen gefunden (DEGENHARDT & CHRISTIANSEN 1974).

Lebensweise: *K. sonoriense* ist wahrscheinlich fast das ganze Jahr aktiv: So konnten Tiere im Tule Stream, Yavapai County, Arizona, von HULSE (1976a) an warmen Tagen im Dezember und Januar beobachtet werden. Dieser Autor schätzt eine jährliche Aktivität von 340 Tagen. Nur Populationen, die weiter nördlich in Arizona leben, sind vielleicht gezwungen, eine Winterruhe durchzuführen. Im Winter sind die Tiere am Tag und im Sommer mehr in der Nacht aktiv. Die meiste Zeit verbringen sie am Grund der Wohngewässer mit der Nahrungssuche. Gelegentlich wandern einige Tiere bei Regen über Land. Dabei werden aber keine allzu großen Entfernungen zurückgelegt. Während der Trockenzeit versammeln die Schildkröten sich in den verbliebenen Wasserlöchern. Unter besonders trockenen Bedingungen schützen sie sich wahrscheinlich durch das Verschließen des Panzers vor zu großer Verdunstung (WYGODA & CHMURA 1990). Im Allgemeinen wird angenommen, daß die Art keine „richtige" Ästivation durchgeführt. Nach PETERSON & STONE (2000) gedeihen aber offensichtlich einige Populationen in Canyons, die zeitweise komplett trocken sind. Als Feind für Jungtiere wurde kurioserweise der eingebürgerte Ochsenfrosch (*Rana catesbeiana*) nachgewiesen. Aber auch verschiedene Vögel und Säugetiere können die Eier und Jungtiere fressen.

Ernährung in der Natur: *K. sonoriense* ernährt sich hauptsächlich von animalischer Kost, hin und wieder werden aber auch Pflanzen gefressen. Die Schildkröten kriechen mit weit ausgestrecktem Hals langsam über den Gewässergrund. Unter Vorwärts- und Rückwärtsbewegungen des Kopfes wird das Substrat geruchlich nach Beute abgesucht. Nach bisherigen Untersuchungen wird ein Pflanzenanteil (z. B. Algen) von maximal bis zu 18 % genommen (ERNST et al. 1994). Vor allem verzehren diese Schlammschildkröten Insekten, aber auch Schnecken, Krebstiere, Fische und Frösche.

Fortpflanzung: HULSE (1982) beobachtete in der Natur bei 21 °C Wassertemperatur im April Kopulationen, IVERSON (1981) im Mai. In Arizona werden die Eier Ende Mai bis September gelegt. Meist werden zwei Gelege mit jeweils 2–4 Eiern produziert. Es können aber auch 1–11 Eier und bis zu vier Gelege pro Jahr sein. Die weißen elliptischen Eier messen 28–35 × 13,8–19,0 mm. Das Gewicht liegt zwischen 4,2 und 5,6 g (IVERSON 1992b). Die Eigröße korreliert positiv mit der Größe des Weibchens. Auch bei dieser Art kann es zu einer Diapause in der Embryonalentwicklung kommen. Von EWERT (1991) inkubierte Eier begannen sich nach 265 Tagen zu entwickeln, und die Jungen schlüpften nach 345 Tagen. Vermutlich ist die lange Entwicklungsunterbrechung eine Anpassung, um den Schlupf möglichst in die Regenzeit des nächsten Sommers zu verlegen (IVERSON zit. in ERNST et al. 1994). Die Schlüpflinge sind 22,3–25,7 mm lang. Ihr Carapax ist meist flach mit einem breiten Mittelkiel. Die hinteren Marginalschilde besitzen einen schwarzen Fleck. Die Plastronschilde sind dunkel eingefasst. Den Kopf zieren deutliche gelbe Streifen. Je nach Biotop und Wassertemperatur wird die Geschlechtsreife nach 5–6 Jahren bei einer Carapaxlänge von 7,6–8,2 mm im männlichen Geschlecht erreicht. In kühleren Flüssen war das kleinste geschlechtsreife Männchen 9,1 cm lang und acht Jahre alt (HULSE 1982). Das kleinste bekannte geschlechtsreife Weibchen maß 9,3 cm. Aufgrund der Panzerverwitterung konnte das Alter nicht bestimmt werden. Andere Weibchen waren beim Eintritt in die Geschlechtsreife 9,6–9,9 cm und 8–9 Jahre alt. In kühleren Gewässern werden die Weibchen erst mit 13 cm Carapaxlänge und mehr als zwölf Jahren geschlechtsreif.

Haltung: Angesichts der Herkunft der Tiere sollte eine Winterruhe nur mit ausgeschaltetem Licht bei Zimmertemperatur erfolgen. Vier Wochen reichen aus. Leider wird diese Art nicht importiert, sodass es in Europa kaum Tiere gibt. Ansonsten kann die Haltung wie bei *K. flavescens* oder *K. hirtipes* beschrieben durchgeführt werden.

Fütterung: Es werden gerne Regenwürmer, Fisch und Rindfleisch gefressen. Sicher nehmen die Schildkröten außerdem Schnecken und

Kinosternon sonoriense longifemorale, Weibchen (Quitobaquito Springs, Arizona, USA)   Foto: J. B. Iverson

verschiedene Insekten an. Auch Pflanzen sollten angeboten werden.

Unterarten:

Kinosternon sonoriense sonoriense
LE CONTE, 1854
Sonora-Klappschildkröte

Verbreitung: New Mexico, Arizona, Kalifornien, Sonora und West-Chihuahua

Terra typica: „Tucson, in Sonora" (Arizona, USA).

Beschreibung: Die Interanalnaht ist lang, bei Männchen 19,5 % und bei Weibchen 23 % der Carapaxlänge. Die Interfemoralnaht dagegen ist kurz, nur 10,1 % der Carapaxlänge bei beiden Geschlechtern. Die Breite des ersten Vertebralschildes beträgt bei Männchen 24,4 % und bei Weibchen 25,5 % der Carapaxlänge. Auch der Gularschild ist relativ breit, bei Männchen 20,0 % und bei Weibchen 19,4 % der Carapaxlänge.

Kinosternon sonoriense longifemorale
IVERSON, 1981
Sonoyta-Klappschildkröte

Verbreitung: Sonoyta-River-Becken in Arizona (USA) und dem angrenzenden Sonora (Mexiko)

Terra typica: „Sonoyta, Sonora, Mexico (31° 51' N, 112° 50' W)".

Beschreibung: Die Interanalnaht ist kurz, bei Männchen 14,4 % und bei Weibchen 18,5 % der Carapaxlänge. Die Interfemoralnaht ist mit 12,8 % der Carapaxlänge bei Männchen und 13,5 % bei weiblichen Exemplaren relativ lang. Die Breite des ersten Vertebralschildes beträgt

bei männlichen Tieren 28,9 % und bei Weibchen 28,8 % der Carapaxlänge. Auch der Gularschild ist schmal (Männchen 17,7 %, Weibchen 17,8 % der Carapaxlänge).

Kinosternon flavescens (AGASSIZ, 1857)
Gelbliche Klappschildkröte

Verbreitung: Die Art ist in den USA von Nordwest-Illinois, dem angrenzten Iowa und Missouri, Nord-Nebraska, Südwest-Missouri und von Süd-Nebraska durch Texas, New Mexico und Süd-Arizona bis in die mexikanischen Staaten Sonora, Durango, Tamaulipas und Veracruz verbreitet.

1 *K. flavescens flavescens*
2 *K. flavescens arizonense*
3 *K. flavescens durangoense*

Terra typica: „Texas, near San Antonio; ... lower Río Grande; ... Red River, Arkansas; ... Camp Yuma; ... Gila River" (USA); von IVERSON (1978) eingegrenzt auf „Río Blanco, near San Antonio (Bexar Co.), Texas" (USA).

Beschreibung: Der breite und flache Carapax besitzt entweder keinen oder nur einen schwachen Mittelkiel. Er ist oliv bis bräunlich, meist jedoch grünlich gefärbt. Außer den dunklen Schildnähten ist er zeichnungslos. Dorsal wirkt er wie zusammengedrückt. Das Plastron hat zwei gut ausgebildete Scharniere und ist wie die Brücke gelb bis bräunlich gefärbt, mit dunklen Pigmenten entlang der Nähte. Der relativ flache Kopf besitzt einen gehakten, weißen bis

Kinosternon flavescens flavescens, Männchen
Foto: M. Schilde

Die in Illinois und dem angrenzenden Iowa lebenden Tiere wurden 1951 von SMITH als eigene Unterart *K. flavescens spooneri* beschrieben. Nach Meinung von HOUSEAL et al. (1982) und BERRY & BERRY (1984) gehören sie jedoch zu *K. flavescens flavescens* und werden nicht als eigene Unterart anerkannt.

Terra typica: „Texas, near San Antonio; ... lower Río Grande; ... Red, River, Arkansas; ...

Kinosternon flavescens flavescens, Weibchen
Foto: A. Mende

Camp Yuma; ... Gila River" (USA); von IVERSON (1978) eingegrenzt auf „Río Blanco, near San Antonio (Bexar Co.), Texas" (USA).

Beschreibung: Der Gularschild ist kurz und misst nur bis 59 % der Länge des vorderen Plastronlappens. Die Interhumeralnaht entspricht 8–25 % der Carapaxlänge. Der hintere Plastronlappen ist breit, bei Männchen 36–49 % und bei Weibchen 38–53 % der Carapaxlänge. Die Brücke ist kurz (16–25 % der Carapaxlänge).

Kinosternon flavescens arizonense
GILMORE, 1922
Arizona-Klappschildkröte

Verbreitung: Diese Unterart ist in Sonora, Mexiko, und in Südwest-Arizona verbreitet.

Terra typica: „Benson Locality Quarry, two miles south of Benson, Cochise County, Arizona", USA

Beschreibung: Der Gularschild ist lang (54–70 % der Länge des vorderen Plastronlappens), die Interhumeralnaht kurz (8–15 % der Carapaxlänge), der hintere Plastronlappen schmal (35–42 % der Carapaxlänge). Die Brücke ist lang und misst 21–28 % der Carapaxlänge.

Kinosternon flavescens durangoense
IVERSON, 1979
Durango-Klappschildkröte

Verbreitung: Süd-Chihuahua, West-Coahuila und Ost-Durango, Mexiko

Terra typica: „8 km from Ceballos in Lago de las Palomas, Durango, Mexico".

Beschreibung: Der Gularschild ist lang (54–69 % der Länge des vorderen Plastronlappens)

und die Interhumeralnaht kurz (6–12 % der Carapaxlänge), ebenso der vordere Plastronlappen (31–33 % der Carapaxlänge). Der hintere Plastronlappen ist schmal und misst bei Männchen 39–40 % und bei Weibchen 42–47 % der Carapaxlänge. Die Brücke ist mit 20–24 % der Carapaxlänge recht lang.

Kinosternon subrubrum subrubrum, Weibchen
Foto: M. Schilde

Kinosternon subrubrum
(LACÉPÈDE, 1789)
Pennsylvania-Klappschildkröte

Verbreitung: Die Art ist über weite Teile der USA verbreitet. Ihr nördlichstes Vorkommen liegt auf Long Island, New York, und das Areal erstreckt sich bis nach Florida und an die Golfküste. Westlich kommt sie bis nach Texas, Indiana und Illinois vor. Eine isolierte Population befindet sich in Nordwest-Indiana.

1 *K. subrubrum subrubrum*
2 *K. subrubrum hippocrepis*
3 *K. subrubrum steindachneri*

Terra typica: Ursprünglich unbekannt; SCHMIDT (1953) legt sie auf „vicinity of Philadelphia," (Umgebung von Philadelphia), Pennsylvania (USA), fest.

Beschreibung: Der ovale und flache Carapax ist gelblich braun bis oliv oder fast schwarz gefärbt. Er ist glatt und hat keine Kiele. Nur Jungtiere besitzen einen deutlichen Mittelkiel. Das gelbe bis braune Plastron hat gut entwickelte Scharniere. Der vordere Plastrallappen ist länger als der hintere. Der mittelgroße Kopf ist gewöhnlich dunkelbraun mit gelben Spren-

keln gefärbt. Der Oberkiefer ist leicht gehakt, und am Kinn sitzt ein Paar Barteln. Es können aber je nach Unterart auch zwei gelbliche Streifen an Kopf und Hals auftreten, ähnlich wie bei *Sternotherus odoratus*. Gliedmaßen und Weichteile sind braun, grau oder oliv.

Größe: Bis 12,5 cm Carapaxlänge

Geschlechtsunterschiede: Männchen besitzen einen größeren Kopf als Weibchen und einen längeren, dickeren Schwanz mit einem Endnagel. Das Plastron der Männchen ist kürzer, an den Hinterbeinen haben sie Haftpolster.

Lebensraum: Die Pennsylvania-Klappschildkröte bevorzugt langsam fließende sowie stehende Gewässer mit weichem Bodengrund und reichlich Vegetation. Ebenso werden Zypressensümpfe, Seen, Teiche, Tümpel und Gräben besiedelt. Es wird auch Brackwasser bewohnt, wie einige Inselpopulationen beweisen.

Lebensweise: In Oklahoma ist *K. subrubrum hippocrepis* über 265 Tage im Jahr aktiv. Die Tiere verschwinden Ende Oktober und kommen erst Anfang April wieder aus ihrem Winterquartier.

Kinosternon subrubrum subrubrum, Weibchen   Foto: M. Schilde

Gelegentlich können auch während des Winters Tiere aktiv sein (MAHMOUD 1969). NICHOLS (1947) fand auf Long Island die ersten *K. subrubrum subrubrum* am 11. April und die letzen am 11. November. Dagegen ist *K. subrubrum steindachneri* in Florida das ganze Jahr über aktiv. Die hauptsächliche Tagesaktivität bei *K. subrubrum hippocrepis* in Oklahoma liegt von Juni bis August zwischen 4.00 und 09.00 Uhr (Höhepunkt von 05.20 bis 08.00 Uhr) sowie von 16.40 bis 22.00 Uhr (Höhepunkt von 19.00 bis 20.00 Uhr) (MAHMOUD 1969). Die meiste Zeit verbringen die Tiere in flachem Wasser. Einzelne Individuen wurden auch schon in einer Tiefe von 3 m und mehr gefunden. Gelegentlich wandern die Schildkröten nach Regenfällen, meist morgens oder abends, über Land. Manche Exemplare verlassen im Frühsommer das Wasser und ästivieren an Land. Dies kann direkt in die Winterruhe übergehen, sodass sie erst wieder im nächsten Frühjahr das Wasser aufsuchen (BENNETT et al. 1970). Die Winterruhe verbringen sie z. T. an Land unter verrottendem Laub, oder sie graben sich selbst in eine Tiefe von 2–11 cm ein. Andere Tiere überwintern im Schlamm der Wohngewässer. Die Kettennatter (*Lampropeltis getula*) und verschiedene Säugetiere plündern die Nester. Jungtiere werden z. B. von Krabben, Vögeln und verschiedenen Schlangen, wie Hakennatter (*Heterodon*), Wassermokassinschlange (*Agkistrodon*) und Wassernatter (*Nerodia*), gefressen. Erwachsene werden gelegentlich von Seeadlern (*Haliaeetus*) erbeutet.

Ernährung in der Natur: Die Nahrung besteht zu über 30 % aus Insekten und Schnecken oder

Muscheln. Daneben werden noch Amphibien, Krebstiere, Aas von Fischen sowie Wasserpflanzen gefressen (siehe auch Tabelle 4). Jungtiere unter 50 mm Carapaxlänge nehmen hauptsächlich kleine Wasserinsekten, Algen und Aas von Insekten sowie Amphibien an.

Fortpflanzung: Von Mitte März bis Ende Mai finden die Paarungen statt, die analog zu *Sternotherus odoratus* ablaufen. Die meisten Gelege werden im Mai und Juni abgesetzt. Je nach Verbreitungsgebiet können aber auch von Februar bis September Eier gelegt werden. Die Nistgrube wird im Allgemeinen nicht weit vom Wasser, aber oberhalb der Hochwasserlinie angelegt. Bevorzugt wird sandige oder lehmige Erde, aber auch Laubhaufen und sogar Alligatorennester (DEITZ & JACKSON 1979) werden zur Eiablage genutzt. Die halbkreisförmige Nisthöhle kann 7,5–13 cm tief sein. 1–8 Eier pro Gelege sind möglich, meist sind es 2–4. Die Gelege der nördlichen Populationen umfassen mehr Eier als die der südlichen. Die meisten Weibchen legen einmal pro Jahr, einige auch bis zu drei Gelege im Abstand von ca. 30 Tagen. Die Eier sind 22,0–32,3 × 12,8–18,0 mm groß und 3,0–4,9 g schwer. Die meisten Jungtiere schlüpfen wahrscheinlich Ende August oder im September. Bei kühlen Temperaturen überwintern sie nach dem Schlupf im Nest und verlassen es erst im nächsten Frühjahr (LARDIE 1975). In Florida wurden Schlüpflinge von Dezember bis Februar sowie im April gefunden. Unter natürlichen Bedingungen verlassen die Jungen nach 90–100 Tagen das Ei. Sie sind 16,7–27,0 mm lang und 3,5–4,0 g schwer. Der dunkelbraune bis schwarze Carapax besitzt noch drei Kiele, wobei die Seitenkiele nur schwach ausgeprägt sind. Auf der Unterseite der Marginalschilde befinden sich helle Flecken. Das Plastron ist hell und vor allem entlang der Nähte dunkel gemustert. *K. subrubrum* wird mit 8–12 cm geschlechtsreif. Männchen sind dann 4–7 Jahre, Weibchen 5–8 Jahre alt.

Bastarde aus der Terrarienhaltung zwischen *K. subrubrum* und *K. flavescens* bzw. *K. baurii* sind bekannt (SCHIPPERIJN 1987).

Haltung: Diese leicht zu haltende Art lässt sich gut in kleinen Aquaterrarien von 60 × 40 cm pflegen. Auf einen regelmäßigen Wasserwechsel ist zu achten, da die Tiere zu Panzernekrosen neigen. Zur Vorsorge kann man dem Wasser etwas Kochsalz (2 g/l) zugeben. Da die Tiere häufiger des Nachts das Land aufsuchen, sollte ein kleiner Landteil auch bei den Männchen nicht fehlen. Wenn mehrere Tiere in einem Becken gehalten werden sollen, müssen zahlreiche Versteckmöglichkeiten vorhanden sein. Die Tiere können untereinander sehr aggressiv sein, sodass auch bei dieser Art Einzelhaltung zu empfehlen ist. Eine Überwinterung oder Ruhepause ist für die Zucht zumindest bei Tieren aus nördlichen Gebieten notwendig, für die aus südlichen Bereichen immerhin günstig. Die Eier werden von April bis Juni gelegt. In der Regel wird nur ein Gelege produziert. Nach 90–176 Tagen bei 25–30 °C schlüpfen die Jungen.

Fütterung: Vor allem verschiedene Insekten wie Grillen, *Zophobas* und Wachsraupen („Wachsmaden") sollten verfüttert werden. Aber auch Rinderherz, Fisch, Schnecken und Trockenfutter werden gern angenommen. Gelegentlich sollten Wasserpflanzen angeboten werden.

Unterarten:

> ### *Kinosternon subrubrum subrubrum*
> (LACÉPÈDE, 1789)
> Östliche Klappschildkröte

Verbreitung: Diese Unterart ist von Long Island, New York, bis in den Norden der Halbinsel Florida und entlang der Golfküste bis Indiana und Illinois verbreitet.

Terra typica: Ursprünglich unbekannt; SCHMIDT (1953) legt sie auf „vicinity of Philadelphia," Pennsylvania (USA), fest.

Beschreibung: Der braune bis schwarze Carapax ist glatt, das Plastron lang (75–101 % der Carapaxlänge). Es ist gelblich braun und teilweise mehr oder weniger braun und schwarz markiert. Der vordere Plastronlappen ist kürzer als der hintere. Die Brücke ist relativ breit (13–22 % der Carapaxlänge). Der Kopf ist gelb gesprenkelt, gefleckt oder sehr selten mit zwei unregelmäßigen, schwachen Streifen auf jeder Seite versehen. Die Unterart wird 7,5–10 cm, selten bis 12,4 cm lang.

> ### *Kinosternon subrubrum hippocrepis*
> GRAY, 1856
> Mississippi-Klappschildkröte

Verbreitung: Die Mississippi-Klappschildkröte besiedelt das Mississippi-Tal von Louisiana und Ost-Texas nordwärts bis Missouri, West-Kentucky und Süd-Illinois.

Terra typica: „North America; New Orleans" (Orleans Parish, Louisiana, USA)

Beschreibung: Das Plastron ist lang (84–98 % der Carapaxlänge), die Brücke breit (15–24 % der Carapaxlänge). Der vordere Plastronlappen ist kürzer als der hintere. Auf jeder Seite des dunklen Kopfes befinden sich ähnlich wie bei *Sternotherus odoratus* zwei gelbe Streifen. *K. subrubrum hippocrepis* erreicht eine Carapaxlänge von 7,5–12,1 cm.

> ### *Kinosternon subrubrum steindachneri*
> (SIEBENROCK, 1906)
> Florida-Klappschildkröte

Verbreitung: Diese Unterart kommt nur auf Florida vor.

Terra typica: „Orlando (Orange Co.), Florida", USA

Beschreibung: Das Plastron ist relativ kurz (73–90 % der Carapaxlänge), die Brücke schmal (6–14 % der Carapaxlänge). Der vordere Plastronlappen ist länger als der hintere. Der Kopf ist bei manchen Exemplaren sehr groß und einfarbig oder hell gesprenkelt. Die Tiere sollen nur 7,5–10 cm Carapaxlänge erreichen.

Kinosternon subrubrum hippocrepis, Männchen
Foto: M. Schilde

Kinosternon subrubrum steindachneri, Männchen
Foto: A. Mende

Kinosternon baurii GARMAN, 1891
Dreistreifen-Klappschildkröte

Verbreitung: *K. baurii* kommt von den Florida Keys über die ganze Halbinsel Florida und entlang der Atlantikküste bis Virginia vor.

Terra typica: „Key West" (Monroe Co., Florida, USA)

Beschreibung: Der bräunliche bis schwarze Carapax besitzt drei helle Längsstreifen an den Stellen, wo sich bei anderen Arten die Kiele befinden. Der breite, flache Rückenpanzer der Dreistreifen-Klappschildkröte ist dagegen nur mit einem schwachen Kiel ausgestattet. Einige Tiere sind sehr hell gefärbt. Dann sind die Streifen kaum zu erkennen. Ebenso können sie bei älteren Tieren verblassen. Auf der Unterseite jedes Marginalschildes befindet sich ein heller Fleck. Die zwei Scharniere des breiten Plastrons sind gut ausgebildet, sodass der Panzer vollständig verschlossen werden kann. Es ist oliv bis gelblich gefärbt und besitzt dunkle Schildersäume. Der schwarze Kopf läuft spitz zu. An jeder

Kopfseite befinden sich zwei helle Streifen, die auch unterbrochen sein können. Gliedmaßen und Weichteile sind grau bis schwarz gefärbt. Auf Kopf und Hals können sich dunkle Flecken befinden.

Größe: Diese Art kann bis 12,7 cm Carapaxlänge erreichen.

Geschlechtsunterschiede: Der Schwanz ist bei Männchen länger, kräftiger und endet in einem Hornnagel. An den Hinterbeinen besitzen sie Haftpolster. Männchen bleiben kleiner als Weibchen.

Lebensraum: Die Dreistreifen-Klappschildkröte bewohnt ruhige Gewässer ab einer Tiefe von 60 cm mit weichem Bodengrund, wie Sümpfe, Kanäle und Teiche. Obwohl die Art gelegentlich im Brackwasser gefunden wird, scheint sie es nicht besonders zu mögen (DUNSON 1981).

Lebensweise: *K. baurii* ist in Florida das ganze Jahr über aktiv, sowohl an Land als auch im

Kinosternon baurii, Weibchen   Foto: M. Schilde

Kinosternon baurii, Weibchen, Dorsalansicht. Die drei hellen Streifen sind bei diesem Exemplar besonders deutlich ausgeprägt. Foto: M. Schilde

Wasser. Besonders in Nord-Florida wird sie im März oft bei Überlandwanderungen beobachtet. Zu dieser Zeit füllen sich die Teiche und Sümpfe durch den Frühjahrsregen. WYGODA (1979) beobachtete eine Population im westlichen Zentral-Florida an einem Teich mit angrenzendem Sumpf in einem Wald. Von Februar bis Juli, wenn der Teich ausgetrocknet war, ästivierten die Schildkröten in diesem Wald. Sobald der Sommerregen einsetzte, wanderten sie von dort zurück in den Teich und den Sumpf. Von September bis Dezember waren sie ausschließlich im Teich, da der Sumpf in dieser Zeit austrocknete. Während der terrestrischen Phase liegen die Tiere eingegraben in flachen Höhlen im Bodengrund. Bis zu 48,8 m vom nächsten Wasser entfernt wurden noch einzelne Tiere gefunden. Die Eier werden von verschiedenen Säugetieren und der Kettennatter *Lampropeltis getula brooksi* gefressen. Mississippi-Alligatoren (*Alligator mississippiensis*) erbeuten die Schildkröten selbst.

Ernährung in der Natur: *K. baurii* ist omnivor. Verschiedene Pflanzen und deren Früchte, wie die der Sabal-Palme (*Sabal palmetto*), werden gefressen. Kleine Schnecken,

Insekten und deren Larven sowie Würmer gehören ebenfalls auf den Speiseplan.

Fortpflanzung: Paarungen konnten von März bis Mai beobachtet werden. Die Eiablagen finden von April bis Juni statt. Die Weibchen produzieren bis zu drei Gelege pro Jahr mit je 1–7 Eiern (SACHSSE 1977). Die Eier sind 20,8–32,8 × 13,6–19,3 mm groß und 3,3–5,3 g schwer. Bei kühlen Temperaturen von 22,5–24,0 °C kommt es zu einer Diapause in der Embryonalentwicklung. Für die aktive Entwicklung benötigt der Embryo 28–30 °C (EWERT 1985, 1991). Unter normalen Verhältnissen schlüpfen die Jungen nach 80–145 Tagen. Sie sind 16,5–27,0 mm lang. Der dreigekielte Carapax ist mahagonibraun oder fast schwarz und mit den drei hellen Streifen ausgestattet. Auf den Marginalschilden befinden sich helle Flecken. Das gelbe Plastron besitzt dunkle Flecken entlang der Schildnähte. Mit 7,0–7,5 cm Carapaxlänge sind die Tiere geschlechtsreif. Sie sind dann zwischen fünf und sechs Jahre alt.

Haltung: Diese kleine Art ist wegen ihrer geringen Größe und ihres attraktiven Aussehens ein beliebter Terrarienpflegling, der bei sach-

Kinosternon baurii, Schlüpfling, Ventralansicht Foto: M. Schilde

kundiger Pflege problemlos zu vermehren ist. In den Wintermonaten sollte eine Winterruhe bei 12–15 °C Wassertemperatur und ohne Beleuchtung durchgeführt werden. Diese Maßnahme fördert normalerweise die Fortpflanzungsbereitschaft im darauf folgenden Jahr. Die Tiere können aber durchaus auch ganzjährig unter gleichen Temperaturbedingungen gehalten werden und schreiten gelegentlich trotzdem zur Fortpflanzung (PRASCHAG 1983). Die Beleuchtungsdauer sollte aber in jedem Fall variieren. Günstiger ist eine Winterruhe, um dem Weibchen eine Ruhephase zu gönnen, da es sich sonst bei zu häufigen Eiablagen verausgaben kann. Nach erfolgreicher Verpaarung werden die Eier in der Regel von April bis Juni abgelegt. Die Gelege können bis zu sieben Eier umfassen. Bei mir legte ein frisch importiertes Weibchen ein Ei am 26. November. Das Jungtier schlüpfte nach einer Inkubationszeit von 110 Tagen bei konstant 28 °C. Durch eine Diapause kommt es öfters zu so genannten „Spätentwicklern", die dann Wochen später als ihre Geschwister schlüpfen. Bei ganzjährig gleich bleibenden Temperaturen produzierten bei PRASCHAG (1983) zwei Weibchen in 15 Monaten 18 Gelege mit insgesamt 38 Eiern. Als die Nachzuchttiere ein Alter von 23–29 Monaten erreicht hatten, konnte er die ersten Paarungen beobachten.

Futter: Gern werden Regenwürmer, tote Fische, Schnecken und Rinderherz gefressen. Jungtiere werden mit Roten Mückenlarven und Wasserflöhen gefüttert. Pflanzen wie Löwenzahn und Salat sollten gelegentlich angeboten werden.

Unterarten: Es sind keine Unterarten anerkannt. Vor allem Exemplare von der nördlichen Verbreitungsgrenze aus Georgia und South Carolina, Gulf Hammock Region, zeigen eine starke Reduktion der Carapaxstreifen (LAMB & LOVICH 1990).

Kinosternon angustipons LEGLER, 1965
Schmalbrücken-Klappschildkröte

Verbreitung: Die Schmalbrücken-Klappschildkröte ist im karibischen Tiefland von Río San Juan an der Grenze von Nicaragua und Costa Rica südwärts bis zur Bocas-del-Toro-Provinz in Pánama verbreitet.

Terra typica: „Los Diamantes, Limón Province, Costa Rica".

Beschreibung: Der relativ flache, braune bis rotbraune Carapax ist bei adulten Tieren nicht gekielt. Jungtiere besitzen noch drei angedeutete Kiele. Der erste und dritte Vertebralschild sind am längsten und breitesten, wohingegen der fünfte der kürzeste und schmalste ist. Die hinteren Marginalschilde sind leicht gekerbt. Das schmale Plastron besitzt eine Analkerbe. Die Scharniere sind gut ausgebildet, sodass beide Plastronlappen den Panzer verschließen können. Die Mittelnaht kann manchmal aus Bindegewebe bestehen. Das Plastron ist gelblich und gelegentlich mit dunklen Säumen versehen. Die schmale Brücke misst ungefähr ein Fünftel der Carapaxlänge und besitzt die gleiche Färbung wie das Plastron. Axillar- und Inguinalschild treffen zusammen. Die Schnauze ist abgeflacht. Oberseits ist der Kopf mittel- bis dunkelbraun, manchmal auch rotbraun gefärbt. Die Unterseite einschließlich der Schnauze ist cremefarben. Der Oberkiefer ist nicht gehakt oder gekerbt. Am Unterkiefer befinden sich 3–6 Paar heller Barteln. Die Gliedmaßen und Weichteile sind grau oder bräunlich. Dem

den Seiten ist der graubraune Kopf dunkel gesprenkelt. Die kräftigen hellen Kiefer können dunkle Streifen aufweisen. Am Unterkiefer sitzen zwei Barteln. Die Gliedmaßen sind graubraun mit dunkelbraunen Sprenkeln. Die Schildkröte wirkt vom Habitus eher wie eine Angehörige der Gattung *Sternotherus*. Der Schwanz endet bei beiden Geschlechtern in einem Hornnagel.

Oben und unten: *Kinosternon herrerai*, Männchen (Veracruz, Mexiko)   Fotos: J. B. Iverson

Größe: Männchen bis 17 cm, Weibchen bis 15 cm Carapaxlänge.

Geschlechtsunterschiede: Der Schwanz der Männchen ist länger und dicker. Vermutlich wird der Kopf größer und die Kiefer sind dunkler gezeichnet. Die Männchen besitzen Haftpolster an den hinteren Oberschenkeln.

Lebensraum: Bewohnt werden verschiedenste Gewässer mit weichem Bodengrund und reichlichem Pflanzenwachstum. Die Schildkröten besiedeln sowohl permanente als auch temporäre Wasseransammlungen. Sie kommen von der Küstenebene bis auf 800 m ü. NN vor.

Lebensweise: Gelegentlich wird *K. herrerai* bei Überlandwanderungen angetroffen. Exemplare in menschlicher Obhut verlassen aber nur selten das Wasser (POGLAYEN 1965).

Ernährung in der Natur: Die Ernährung beruht wahrscheinlich ausschließlich auf tierischer Nahrung, wie Beobachtungen im Terrarium nahe legen.

Fortpflanzung: Nach CARR & MAST (1988) sollen mehrmals im Jahr Gelege von 2–4 Eiern produziert werden. Das kleinste bekannt gewordene geschlechtsreife Weibchen war 11,5 cm lang.

Haltung: Nach POGLAYEN (1965) scheint *K. herrerai* starkes Licht zu meiden. Die Tiere verließen, wie erwähnt, nur äußerst selten das Wasser.

Fütterung: *K. herrerai* fraß in menschlicher Obhut Fleisch und Fisch (POGLAYEN 1965).

2.1.2 *Sternotherus* (Gray, 1825) – **Moschusschildkröten**

Bestimmungsschlüssel zur Gattung *Sternotherus*

Die Arten dieser Gattung lassen sich auch von Laien gut unterscheiden. Trotzdem sei der Vollständigkeit halber ein Bestimmungsschlüssel nach Iverson (1992a) und Carr (1952) aufgeführt.

1a Meistens zwei helle, gelbliche Streifen an jeder Kopfseite; Carapaxschilde überlappen einander nicht; Färbung allgemein sehr dunkel .... *S. odoratus*

1b Keine hellen Streifen am Kopf; Carapaxschilde überlappen einander; Färbung allgemein hellbeige bis mittelbraun 2

2a Gulare fehlend oder nur rudimentär entwickelt; Axillare und Inguinale sehr groß und annähernd so breit wie lang; 2.–4. Laterale länger als breit; sehr starker Mittelkiel auf dem Carapax, Seitenkiele fehlen auch bei Schlüpflingen; stark reduzierte Plastronschilde vor allem bei Männchen .... *S. carinatus*

2b Gulare vorhanden und gut entwickelt; Axillare und Inguinale klein und länger als breit; 2.–4. Laterale breiter als lang; drei Kiele in der Jugend meist vorhanden 3

3a Carapax breit und sehr flach, Seiten fallen in einem Winkel von mehr als 100° ab; Verhältnis Winkel : Carapaxhöhe durchschnittlich 8:1 .... *S. depressus*

3b Carapax schmaler und nicht sehr flach, Seiten fallen in einem Winkel von weniger als 100° ab; Verhältnis Winkel : Carapaxhöhe durchschnittlich 5:1 .... *S. minor*

Sternotherus odoratus (Latreille, 1801) Gewöhnliche Moschusschildkröte

Verbreitung: Die Gewöhnliche Moschusschildkröte kommt vom südöstlichen Kanada (Ontario und südliches Quebec) über die östlichen USA von Maine bis Florida und westlich bis Wisconsin bis zum mittleren Texas vor. Ein isoliertes Vorkommen befindet bzw. befand sich im nördlichen Zentral-Chihuahua, Mexiko (Río Sauz), denn vermutlich ist diese Population durch klimatische Veränderungen ausgestorben. 1977 konnte Iverson (zit. in Smith & Smith 1979) dort keine Tiere mehr finden.

Terra typica: „les eaux dormates de la Caroline"; von Schmidt (1953) beschränkt auf „vicinity of Charleston, South Carolina", USA (= Umgebung von Charleston).

Beschreibung: Der Carapax ist graubraun, dunkelgrau bis schwarz gefärbt und zeichnungslos. Jungtiere zeigen darauf meistens ein dunkles Fleckenmuster. Bei Schlüpflingen sind drei Kiele vorhanden, die im Verlauf des Wachstums verschwinden. Erwachsene haben einen ebenmäßig gewölbten, schmalen und länglichen Carapax. Das Plastron ist relativ klein und

Sternotherus odoratus, Weibchen Foto: M. Schilde

kreuzförmig ausgebildet. Dabei befindet sich zwischen den Brust- und Bauchschilden ein Scharnier, das aber nur schwach ausgeprägt ist. Die Nähte zwischen den Plastronschilden bestehen aus Bindegewebe. Besonders deutlich ist

Sternotherus odoratus, ca. 20 Jahre altes Männchen mit stark verblassten Kopfstreifen Foto: M. Schilde

die Mittelnaht ausgeprägt. Die Brücke ist sehr schmal. Axillarschilde und Inguinalschilde berühren einander. Das Plastron ist meistens gelblich bis hellbraun gefärbt. In letzter Zeit wurden auch Tiere mit vollständig schwarzen Bauchpanzern importiert. Kopf, Beine und Weichteile können hellgrau bis schwarz gefärbt sein. Zwei weißliche bis gelbe Streifen auf jeder Seite des Kopfes ziehen sich von der Schnauzenspitze bis zum Hals ober- und unterhalb des Auges entlang. Zum Teil sind sie unterbrochen oder bei manchen Tieren im Alter verschwunden. Der Schnauzenschild ist hinten gegabelt, und am Kinn befindet sich ein Paar Barteln, manchmal auch ein zweites Paar.

Größe: Carapaxlänge bis 13,7 cm, meistens aber zwischen 7,5 und 10 cm; Männchen und Weibchen etwa gleich groß.

Geschlechtsunterschiede: Männchen besitzen einen längeren Schwanz. Ihre Kloake ist im Gegensatz zu den Weibchen deutlich vom Carapaxrand zur Schwanzspitze verschoben. Das Schwanzende ist als stumpfer Hornnagel ausgebildet. Bei den Weibchen fehlt dieser normalerweise. An den Innenseiten der Hinterbeine haben die Männchen Haftpolster. Die Bindegewebsnaht entlang der Mittellinie des Plastrons ist bei den Männchen breiter angelegt. Die Geschlechter lassen sich ab einer Größe von ca. 5 cm deutlich anhand der Schwanzwurzel unterscheiden.

Lebensraum: Es werden alle möglichen Süßgewässer besiedelt, bevorzugt solche mit geringer Strömung und weichem Bodengrund, wie Seen, Teiche, Flüsse, Sumpfgebiete und Kanäle. Es werden in Florida aber auch klare Quellen und sogar Rindertränken bewohnt. In Ermangelung geeigneter Habitate werden auch suboptimale Gewässer angenommen. So fand ERNST (1994) in Arkansas ein Tier in einem Bach mit starker Strömung und Kiesgrund. Die

Sternotherus odoratus, Ventralansicht, Weibchen mit gelb gefärbtem Plastron   Foto: M. Schilde

Oben: *Sternotherus odoratus*, Ventralansicht, Männchen mit typisch gefärbtem Plastron

Unten: *Sternotherus odoratus*, Ventralansicht, Männchen mit ungewöhnlich schwarzem Plastron.
          Fotos: M. Schilde

Art hält sich vor allem im Flachwasserbereich auf, ist aber auch in 3–9 m Tiefe gefunden wurden (McCauley 1945; Carr 1952). Brackwasser wird nicht vertragen: Wie Conant & Bailey (1936) berichteten, verschwand eine Population in New Jersey aus ihrem Heimatgewässer, als nach Öffnung eines Kanals das Wasser brackig wurde.

Lebensweise: *S. odoratus* ist stark an das Wasser gebunden. Im Vergleich zu anderen Schlammschildkröten verliert diese Art schneller Wasser durch Verdunstung, was beim Transport beachtet werden muss. Wegen dieses geringen Verdunstungsschutzes trifft man sie auch nur höchst selten beim Sonnenbaden auf Land an: Meistens sonnen sich die Tiere – in der Regel nur trächtige Weibchen – im flachen Wasser und an der Wasseroberfläche zwischen Pflanzen treibend. Dazu erklettern sie auch umgefallene Baumstämme oder sogar Bäume. *S. odoratus* kann ausgezeichnet klettern und dabei auch schmale Äste erklimmen. Die Tiere unternehmen Überlandwanderungen bei starken Regenfällen, wenn auch selten. Im größten Teil ihres Verbreitungsgebietes führt die Gewöhnliche Moschusschildkröte eine Winterruhe durch. Je nach Breitengrad erstreckt diese sich von Oktober bis April oder auch nur von Dezember bis Februar. Die Tiere überwintern ca. 30 cm tief im Bodenschlamm des Heimatgewässers vergraben. Ganz im Süden sind sie ganzjährig aktiv. Die Art ist dämmerungsaktiv und zeigt zwei Aktivitätshöhepunkte zwischen 04.00 und 11.00 Uhr sowie 17.00–21.00 Uhr. Die meiste Zeit verbringen die Schildkröten in einer Wassertiefe von weniger als 60 cm. Dort widmen sie sich hauptsächlich der Nahrungssuche. *S. odoratus* wird von den Amerikanern auch als „Stinkpot" und im Deutschen als Moschusschildkröte bezeichnet: Bei Gefahr stoßen die Tiere den Inhalt ihrer Moschusdrüsen aus. Das stark riechende, gelbliche Sekret verflüchtigt sich schnell und soll Fressfeinde abhalten. Als

Feinde kommen Waschbären (*Procyon lotor*), Stinktiere (*Mephitis* sp.), verschiedene Reiher, Krähen, Mississippi-Alligatoren (*Alligator mississippiensis*), zahlreiche Fischarten und Wasserschlangen in Betracht. Selbst von Schnapp- und Geierschildkröten (*Chelydra serpentina* und *Macroclemys temminckii*) werden sie erbeutet. Außerdem ist bekannt, dass einige Nattern (*Lampropeltis* sp. und *Cemophora* sp.) die Eier von Moschusschildkröten verzehren.

Ernährung in der Natur: Die Ernährung basiert hauptsächlich auf tierischen Stoffen, wobei aber auch pflanzliche Anteile nicht verschmäht werden. Der Anteil an pflanzlicher Nahrung kann bis zu 20 % betragen (siehe Tabelle 4). Adulte Exemplare fressen von Fisch- und Froschlaich über Regenwürmer, kleine Fische, Kaulquappen, Egel, Muscheln, Schnecken, Flusskrebse, Insekten bis hin zu ausgewachsenen Froschlurchen alles, was sie bewältigen können. Dabei wird natürlich auch Aas von Fischen, z. B. Sonnenbarschen (*Lepomis*), aufgenommen. In den Mägen der von LAGLER (1943) untersuchten Tiere befanden sich 34,2 % Insekten und 28,3 % Schnecken. *S. odoratus* ist auch ein geschickter Jäger, wie ich selbst im Terrarium beobachten konnte. Im Dämmerlicht schleichen sich die Tiere an schlafende Zahnkarpfen wie z. B. Guppys und stoßen dann blitzartig zu. Nicht selten ist das erfolgreich. Normalerweise wird aber die Nahrung am Bodengrund gesucht und erbeutet. Gefressen wird ebenfalls ausschließlich im Wasser.

Fortpflanzung: Das ganze Jahr über finden Paarungen statt. Die Höhepunkte der Paarungsaktivitäten liegen aber von April bis Mai und September bis Oktober. Ausschlaggebend für die Befruchtung des ersten Geleges ist wahrscheinlich die Herbstpaarung. GIST & JONES (1989) fanden kleine, mit Spermien gefüllte Gänge in den weiblichen Eileitern. Man nennt sie „Receptacula seminis", eine Struktur, die auch bei vielen anderen Reptilien vorhanden ist. Diese Gänge befinden sich zwischen der Gebärmutter und dem trichterförmigen Ende des Eileiters. Wahrscheinlich dienen sie der Spermienspeicherung während des Winters. Je nach geographischer Lage findet die Eiablage zu verschiedenen Zeiten statt. Im Süden legen die Weibchen von Februar bis Juli, in Texas von April bis Juli, in Florida von April bis Juni und im Norden von Mai bis August ihre Eier. Dabei werden vom frühen Morgen bis in die Nacht hinein Gelege abgesetzt (ERNST et al. 1994). Im Norden werden die Abendstunden zwischen 19.10 und 20.48 Uhr bevorzugt (ERNST 1986). Normalerweise legen die Weibchen ihre Eier in der Nähe ihres Heimatgewässers ab, aber es wurden auch schon Gelege in 45 m Entfernung vom nächsten Gewässer gefunden. Die Weibchen heben mit den Hinterbeinen ca. 10 cm tiefe Nistgruben aus. Manchmal werden die Eier auch in flache Mulden gelegt und mit Laub und Humus bedeckt oder einfach auf dem Boden abgesetzt. Geeignete Eiablageplätze finden die Schildkröten auch unter Baumstümpfen, Wurzeln und in Wänden von Bisamrattenbauten, die seitlich angegraben werden (ERNST et al. 1994). Solche Stellen können dann von mehreren Weibchen gleichzeitig als Eiablageplatz genutzt werden. CAGLE (1937) entdeckte 16 Gelege an einer Stelle unter einem Baumstamm. EDGREN (1942) fand 130 Eier im Bodengrund eines verlassenen Entenverstecks.

Die Eier sind 22–31 mm (im Durchschnitt 27 mm) lang und 13–17 mm (im Durchschnitt 16 mm) breit. Die Gelege können 1–10 Eier umfassen (VETTER 1998), meist sind es aber 2–5 Stück. Die Weibchen im Norden produzieren mehr Eier pro Gelege als ihre Artgenossen im Süden, was mit der Größe der Weibchen korreliert. Pro Saison werden 2–4 Gelege pro Weibchen abgesetzt. ERNST (1986) konnte bei 104 Eiern eine Schlupfrate von 15,4 % feststellen. Der Rest der Eier fiel Nesträubern oder den klimatischen Bedingungen zum Opfer. Unter natürlichen Bedingungen schlüpfen die Jungen nach 65–86 Tagen. Die Inkubationszeit kann aber bei ungünstigen Temperaturen bis zu 107 Tage dauern (VETTER 1998). Zum Teil sollen Jungtiere in ihren Nisthöhlen überwintern und diese erst im Frühjahr des folgenden Jahres verlassen. Die Schlüpflinge besitzen einen faserigen, stark gekielten Rückenpanzer. Der Mittelkiel ist stärker ausgebildet als die zwei Seitenkiele. Die Tiere sind schwarz gefärbt. Nur auf den Randschilden sind helle, gelbe Flecken vorhanden. Außerdem sind die typischen gelben Streifen am Kopf schon ausgebildet, und der Bauchpanzer besitzt helle Sprenkel. Die Schlüpflinge sind 18,5–23 mm lang, 15,5–16,6 mm breit und 11,5–12,8 mm hoch. Das Gewicht beträgt ca. 2 g. Das Erreichen der Geschlechtsreife ist abhängig vom Verbreitungsgebiet. Im Süden wird sie schneller erreicht als im Norden. TINKLE (1961) ermittelte im Süden als Minimalgröße für die Reproduktionsfähigkeit 5,4 cm (Durchschnitt 6,5 cm) Carapaxlänge für Männchen und minimal 6,1 cm (Durchschnitt 8,3 cm) für Weibchen. Ihre Artgenossen im Norden waren bei 6,3 cm (Durchschnitt 7,3 cm) bzw. 8 cm (Durchschnitt 9,6 cm) geschlechtsreif.

Haltung: Für die Haltung von 1,2 bzw. 0,3 Tieren ist ein Aquaterrarium von 80 × 40 cm ausreichend. Der Wasserstand sollte 15–20 cm betragen, da sie schlechte Schwimmer sind. Die Wassertemperaturen liegen im Sommer bei 25 °C. Einzelne Männchen lassen sich auch in kleineren Becken halten. Die Behälter können mit Moorkienwurzeln, Plastikpflanzen und Steinen eingerichtet werden. Diese Art ist auch als Anfängerschildkröte unbedingt zu empfehlen, da sie sich durch ihre unkomplizierte Pflege und Vermehrung auszeichnet. Durch ihre geringe Größe eignet sie sich gut für das Zimmer-Aquaterrarium. Den Tieren ist auf jeden Fall eine Winterruhe zu gönnen. Manche Schildkröten graben sich dazu in den feuchten

Bodengrund des Landteils ein, andere bleiben im Wasser. Es kann auch eine „richtige" Winterruhe mit Temperaturabsenkung auf 5–10 °C durchgeführt werden, oder man reduziert nur die Tageslichtlänge. Nach der Überwinterung werden die Weibchen einzeln zu den Männchen gesetzt. Meist erbringen die Weibchen nach vier bis sechs Wochen ihr erstes Gelege, das durchschnittlich 2–4 Eier umfasst. Man überführt die Eier in einen Inkubator. Je nach Temperatur benötigen sie zwischen 60 und 100 Tage zur Zeitigung. Auch bei dieser Art ist die temperaturabhängige Geschlechtsdifferenzierung während der Inkubation nachgewiesen. Bei einer Temperatur von 28 °C oder höher schlüpfen fast ausschließlich Weibchen, bei Temperaturen um 25 °C wurden zu 80 % Männchen erbrütet (VOGT et al. 1982; CLARK et al. 1986). Die Jungtiere werden einzeln oder in Gruppen aufgezogen. Die Aufzucht ist recht einfach; die Jungtiere werden wie die Adulten ernährt. Im Alter von 2–4 Jahren erreichen sie die Geschlechtsreife. Bei mir legte ein Weibchen nach 1,5 Jahren sein erstes Gelege mit drei Eiern, die alle befruchtet waren und auch zum Schlupf kamen (SCHILDE 1990). Bastarde mit *S. minor minor* und *Kinosternon subrubrum hippocrepis* (Gattungshybride) sind bekannt. Das sollte bei einer Vergesellschaftung beachtet werden. Eingewöhnte Tiere sind „zahm" und setzen ihre Moschusdrüsen nur in Ausnahmefällen ein.

Fütterung: Es lässt sich eine Vielzahl von Futtermitteln verwenden. Jungtiere ernährt man am besten mit Wasserflöhen, Mückenlarven und kleinen Regenwürmern. Adulte Tiere sind mit Regenwürmern, Schnecken, Rinderherz, Stinten und Katzenpellets gut und abwechslungsreich zu versorgen. Das Zufüttern von Pflanzen kann man mit Löwenzahn, Apfelstücken und Ähnlichem probieren.

Unterarten: Momentan sind noch keine Unterarten beschrieben, obwohl es Unterschiede zwischen den Populationen in Größe und Schwarzanteil des Rückenpanzers gibt. Nach ERNST et al. (1994) sind Tiere aus Florida kleiner und deutlich dunkler gefärbt als Exemplare aus dem nördlichen Verbreitungsgebiet.

Sternotherus minor minor, Männchen, Ventralansicht
Foto: A. S. Hennig

Sternotherus minor (AGASSIZ, 1857)
Kleine Moschusschildkröte

Verbreitung: *Sternotherus minor* ist in den südöstlichen USA vom südwestlichen Virginia, Ost-Tennessee und Ost-Georgia südlich bis Zentral-Florida und im Westen bis zum Pearl-River-System verbreitet. Die Art kommt außerdem im östlichen Mississippi und Washington Parish, Louisiana, vor. Nur am Black-Warrior-River-System in Alabama wird sie von *S. depressus* abgelöst. *S. odoratus* kommt in einigen Teilen des Verbreitungsgebietes mit *S. minor* sympatrisch vor, in Florida z. T. auch synök (BERRY 1975).

Terra typica: „Neighborhood of Mobile" (= Umgebung von Mobile), Mobile Co., Alabama, „Columbus, Georgia" „New Orleans" Louisiana; SCHMIDT (1953) beschränkte die Terra typica auf „Columbus, Georgia" (USA).

Beschreibung: Der Carapax ist von hell- bis dunkelbrauner Farbe mit einer dunklen Flecken- und Strichzeichnung. Er besitzt drei Kiele, von denen die beiden seitlichen im Alter verschwinden. Dunkle Ränder begrenzen die Carapaxschilde. Das Plastron ist horngelb bis orange, bei Schlüpflingen manchmal rosa

gefärbt. Entlang der Mittelnaht befindet sich ein Bindegewebsstreifen. Der vordere Plastronlappen ist noch weniger beweglich als bei *S. odoratus*. Außerdem unterscheidet sich diese Art gegenüber dem ähnlich gefärbten *S. carinatus* durch den Besitz eines Intergularschildes. Der große Kopf ist graubraun und zeigt dunkle Flecke oder Streifen. Im Alter sind die Köpfe geradezu auffällig groß, besonders bei Männchen. Zwei Barteln befinden sich am Kinn. Weichteile und Beine sind ähnlich wie der Kopf mit schwarzen Punkten gefärbt. Streifen treten nie auf. Trotz ihrer relativ dünn wirkenden Beine sind die Tiere ausgesprochen gute Kletterer.

Größe: Carapaxlänge zwischen 7,5 und 14,5 cm, Männchen und Weibchen sind ungefähr gleich groß.

Geschlechtsunterschiede: Die Männchen zeichnet ein längerer und dickerer Schwanz aus, der in einem kleinen hornigen Nagel endet. Die Kloake ist außerhalb des Panzerrandes gelegen. Männchen besitzen außerdem Haftpolster an den Innenseiten der Hinterbeine. Ihre Köpfe sind meist größer, und die Nasenregion ist deutlicher hervorgehoben. Ab ca. 5 cm Carapaxlänge können die Geschlechter anhand der Schwanzlänge unterschieden werden.

Sternotherus minor minor

Foto: A. Mende

Lebensraum: *S. minor* besiedelt verschiedenste Seen, Sümpfe, Tümpel, Flüsse und Bäche. Sogar Rindertränken sowie Quellen und Quellflüsse in Florida (GUNTERMANN 1998) werden bewohnt. Am häufigsten tritt die Art in Habitaten mit weichem Bodengrund, Baumstümpfen und umgefallenen Bäumen auf. Obwohl sie eigentlich relativ flaches Wasser bevorzugt (0,5–1,5 m), wurde sie auch auf dem Boden laufend in 3–5 m Tiefe in klaren Quellen in Florida beobachtet (ERNST et al. 1994). GUNTERMANN (1998) beobachtete *S. minor* in Florida in großen Quellöffnungen in bis zu 4 m Tiefe. Er konnte sie vor allem in der ufernahen submersen (unter Wasser wachsenden) Vegetation, aber auch in Felsspalten und unter Wurzeln finden. Jungtiere mit 30 mm Carapaxlänge fand er in 1 m Tiefe auf Nahrungssuche. Die Unterart

S. minor peltifer bevorzugt eher Fließgewässer, während die Nominatform *S. minor minor* stehende Gewässer präferiert.

Lebensweise: *S. minor* ist eine sehr aquatile Schildkröte, die eigentlich nur zur Eiablage das Wasser verlässt. Die Tiere sind in Florida das ganze Jahr über aktiv. Im Norden hingegen wird eine Hibernation während des Winters von Dezember bis Februar durchgeführt. Nach ERNST et al. (1994) graben die Tiere sich dazu im weichen Bodengrund oder unter Steinen in ihren Gewässer ein. Die größte Aktivität ist am Morgen zu verzeichnen, aber auch tags wie nachts können die Schildkröten aktiv sein. Die meiste Zeit sind sie damit beschäftigt, am Bodengrund und in Wasserpflanzenbeständen nach Nahrung zu suchen. Sie halten sich sogar bei starker Strömung sehr gut mit ihren spitzen Krallen an Wurzeln, Steinen und Pflanzen fest, sodass sie dort Schnecken fressen können, wie GUNTERMANN (1998) beobachtete. *S. minor* reagiert empfindlich auf intensive direkte Sonneneinstrahlung. Temperaturen von ca. 40,4 °C können tödlich sein (HUTCHISON et al. 1966). Untereinander sind die Tiere sehr aggressiv und dulden in unmittelbarer Nähe keine Artgenossen. Ihre Nester werden von verschiedenen kleinen Säugern, Krähen und Reptilien geplündert. Auch Jungtiere fallen diesen und anderen Feinden (z. B. Fischen) zum Opfer. Adulte Tiere müssen sich vor allem vor Alligatoren in Acht nehmen.

Ernährung in der Natur: Verschiedenste Insekten, Tausendfüßler, Schnecken, Krebse und Wasserpflanzen gehören zum Nahrungsspektrum. *S. minor* ist stärker auf Mollusken spezialisiert, während *S. odoratus* ein größeres Nahrungsspektrum zu sich nimmt, wie BERRY (1975) in Nord-Florida nachweisen konnte, wo beide Arten sympatrisch vorkommen. Diese Nahrungspräferenz kann man auch an den wesentlich kräftigeren Kiefern von *S. minor* erahnen, die sich gut zum Knacken der Schnecken- und Muschelschalen eignen. FOLKERTS (1968) fand als Hauptfutter bei *S. minor peltifer* Schnecken und Insekten. Es wurden aber auch Algen, Krebse, Muscheln, Spinnen und Fische angenommen. Selbst Aas von Fischen wird nicht verschmäht. GUNTERMANN (1998) beobachtete ein ausgewachsenes Weibchen, das einen gleich großen toten Fisch anfraß.

Fortpflanzung: Vor der Winterruhe finden von September bis November und nach der Winterruhe von März bis April Paarungen statt. Das geschieht meist in seichten Gewässerabschnitten. Die Weibchen legen ihre 2–5 Gelege zwischen April und September ab. Die Anzahl der Eier pro Gelege schwankt normalerweise zwischen einem und fünf. Der Umfang der Gelege

korreliert mit der Größe des Weibchens. Die durchschnittliche Gelegegröße umfasst in Florida drei Eier (ETCHBERGER & EHRHARDT 1987). Sie sind 21,2–32,8 mm lang, 12,7–20,0 mm breit und wiegen 1,97–6,70 g. Niedrige Temperaturen von 18–22 °C können die Entwicklung beträchtlich verlangsamen. Unter natürlichen Bedingungen schlüpfen die Jungen nach 61–119 Tagen. Die durchschnittliche Carapaxlänge der Schlüpflinge liegt zwischen 22 und 27 mm. Ihr Plastron ist 16–21 mm lang. In der Natur erreichen die Männchen im Alter zwischen drei und neun Jahren (durchschnittlich vier) die Geschlechtsreife bei einer Carapaxlänge von 50–70 mm (durchschnittlich 55–60 mm), die Weibchen zwischen fünf und neun Jahren (durchschnittlich acht) bei einer Carapaxlänge von 70–85 mm (durchschnittlich 80 mm). Es wurden schon mehrfach Bastardierungen zwischen *S. odoratus* und *S. minor minor* im Terrarium beobachtet. Im westlichen Zentral-Alabama hybridisiert vermutlich *S. minor peltifer* mit *S. depressus:* ERNST et al. (1988) fanden in Nebenflüssen des Black Warrior River zwischen Tuscaloosa und Bankhead Dam 78 Exemplare, die nach der Panzermorphologie als Bastarde anzusehen sind. Ebenfalls konnten 390 Bastarde von *S. minor minor* und *S. minor peltifer* im Norden von Florida gefunden werden (ERNST et al. 1988).

Haltung: Der Platzanspruch der Kleinen Moschusschildkröte ist aufgrund ihrer geringen Größe nicht hoch, sodass Aquaterrarien von 50 × 30 cm für ein Tier ausreichend sind. Da diese Art untereinander sehr aggressiv sein kann, sollte auf Einzelhaltung unbedingt Wert gelegt werden. Bei verschiedenen Liebhabern führte die paarweise Haltung schon zum Verlust eines Tieres. Selbst Weibchen sind sehr unverträglich. Der Wasserstand sollte 10–15 cm betragen und die Wasseroberfläche bequem über Moorkienwurzeln zu erreichen sein. Einige Versteckplätze kommen dem Deckungsbedürfnis

Sternotherus minor minor, Jungtier
Foto: M. Schilde

der Tiere zugute. In den Becken der Weibchen vervollständigt ein sandgefüllter Landteil die Einrichtung. Dieser wird nur zur Eiablage genutzt. Wassertemperaturen von 25 °C reichen im Sommer aus. Um den natürlichen Jahresrhythmus beizubehalten, sollte die Temperatur im Winter auf ca. 18 °C gesenkt und die Beleuchtung abgeschaltet werden. Nach 4–6 Wochen wird die Temperatur wieder erhöht, und die Tiere werden verpaart. Dabei sollten sie aber nicht aus den Augen gelassen werden. Das Männchen verfolgt das Weibchen und beriecht dessen Analregion und Brücke. Mit weit aus-

Sternotherus minor minor, Jungtier, Ventralansicht
Foto: M. Schilde

gestrecktem Hals werden nickende Kopfbewegungen während der Kopulation ausgeführt. 4–6 Wochen später kommt es zur Eiablage. Das Weibchen gräbt sich dazu fast vollständig senkrecht ein. Der Eiablageplatz sollte mindestens 15 cm tief sein. Meist werden 2–3 Eier gelegt. Bis zu fünf Gelege pro Jahr sind möglich, meist sind es aber nur 2–3. Bei mir wurden die meisten Gelege zwischen Februar und Juni abgesetzt, in zwei Ausnahmefällen auch im August und November. Im Durchschnitt betrug die Gelegegröße 2,4 Eier (Spannbreite: 2–4 Eier). Diese werden im Inkubator bei 28 °C und 95 % relativer Luftfeuchte bebrütet. Nach 105–119 Tagen schlüpfen die mit 25 mm sehr kleinen Jungen. Die gemeinschaftliche Aufzucht ist möglich. Von einem Zwillingsschlupf berichtete LEHMANN (1984): Ein Ei enthielt zwei Jungtiere, die 20 mm lang und mit dem Dottersack verbunden waren. Sie besaßen eine Masse von 1,55 und 1,45 g.

Mit Erreichen der Geschlechtsreife im Alter von 3–4 Jahren müssen die Nachzuchten spätestens getrennt werden. Die Männchen haben dann eine Größe von 7,5 cm und die Weibchen von 8 cm.

Futter: Als Futter werden sehr gern Gehäuseschnecken, Regenwürmer, kleine lebende oder gefrorene Fische, Rinderherz u. Ä. angenommen. Jungtiere sind vor allem mit lebendem Futter wie Wasserflöhen und Mückenlarven zu ernähren. Meine Tiere haben nie pflanzliche Nahrung zu sich genommen, die man aber dennoch versuchsweise anbieten sollte.

Unterarten: Zwei Unterarten sind anerkannt.

> ### *Sternotherus minor minor*
> (AGASSIZ, 1857)

Verbreitung: Die Nominatform bewohnt die östliche Hälfte des Verbreitungsgebietes.

Terra typica: „Neighborhood of Mobile" (= Umgebung von Mobile), Mobile Co., Alabama, „Columbus, Georgia" „New Orleans" Louisiana; SCHMIDT (1953) beschränkte sie auf „Columbus, Georgia" (USA).

Beschreibung: Kopf und Hals sind immer dunkel gefleckt. Jungtiere besitzen drei Kiele, und das Plastron ist rosa bis weißlich gefärbt.

Sternotherus minor peltifer
(SMITH & GLAS, 1947)

Verbreitung: Diese Unterart bewohnt den westlichen Teil des Verbreitungsgebietes (von Südwest-Virginia, Ost-Tennessee und -Alabama bis zum Pearl River im südlichen Zentral-Mississippi).

Terra typica: „Bassfield, Jefferson Davis County, 30 miles west of Hattiesburg Miss.", Mississippi, USA

Beschreibung: Kopf und Hals sind schwarz gestreift. Jungtiere besitzen nur einen Kiel, und

Sternotherus minor peltifer, Jungtier, Dorsalansicht. Typisch für diese Unterart ist der gelb-schwarz gestreifte Hals. Foto: M. Schilde

das Plastron ist orange gefärbt. Diese Unterart ist deutlich flacher und graziler gebaut als *S. minor minor* und somit besser an Fließgewässer mit steinigem Grund angepasst. Die Tiere sind deutlich weniger aggressiv.

Früher wurde noch eine dritte Unterart zugeordnet, die jedoch heute als eigenständige Art *S. depressus* angesehen wird.

Sternotherus minor peltifer, Jungtier
Foto: M. Schilde

Sternotherus minor peltifer, Jungtier, Ventralansicht
Foto: M. Schilde

Verbreitung: *S. depressus* hat nur ein sehr kleines Verbreitungsgebiet im Flusssystem des Black Warrior River. Es befindet sich im westlichen Zentral-Alabama (USA).

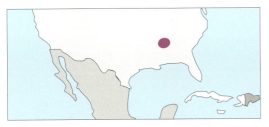

Terra typica: „Mulbery Fork of the Black Warrior River, 9 miles east of Jasper, Walker County, Alabama, near the bridge crossing of U.S. Highway 78" (Mulbery-Gabelung des Black-Warrior-Flusses, 9 Meilen östlich von Jasper, Walker County, Alabama, in der Nähe der Brücke über die Bundesstraße 78), USA

Beschreibung: Der Carapax sehr stark abgeflacht und breiter als bei *S. minor*. Er ist gelblich braun bis dunkelbraun mit kleinen dunkelbraunen oder schwarzen Flecken und Strichen.

Sternotherus depressus. Typisch ist der flache Carapax.
Foto: M. Schmidt

Jeder Schild ist dunkel gesäumt. Der Kiel ist nur undeutlich vorhanden. Das gelbliche bis gelbbraune – bei Halbwüchsigen kann es auch rosa gefärbt sein – Plastron besitzt einen einzelnen kleinen Gularschild und einen Bindegewebsstreifen entlang der Mittelnaht. Zwischen den Pectoral- und Abdominalschilden befindet sich ein angedeutetes Scharnier. Die Schilde der Brücke sind reduziert, sodass zwischen ihnen Bindegewebe liegt. Ihr Kopf und die deutlich hervorgehobene Nase sind oliv bis hellbraun gefärbt. Es befinden sich kleine, feine dunkle Flecke am Kopf und dunkle Striche an den Kiefern. Bei manchen Individuen ziehen

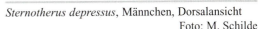

Sternotherus depressus, Männchen, Ventralansicht
Foto: M. Schilde

Sternotherus depressus, Männchen, Dorsalansicht
Foto: M. Schilde

sich gelbe Streifen von den Nasenlöchern bis zu den Augen, bei anderen sind helle und dunkle Längsstreifen auf der Oberseite des Halses zu sehen. Diese sind aber deutlich schmaler als bei *S. minor peltifer*. Am Kinn tragen die Tiere zwei Paar Barteln. Die restlichen Weichteile sind ebenfalls oliv bis hellbraun gefärbt und mit feinen schwarzen Flecken gezeichnet.

Größe: Carapaxlänge bis 12,5 cm, Männchen und Weibchen sind etwa gleich groß.

Geschlechtsunterschiede: Männchen unterscheiden sich von den Weibchen durch ihren längeren und dickeren Schwanz, der einen spitzen Endnagel besitzt. Ebenfalls sind die typischen Haftpolster an den Hinterbeinen zu erkennen, und am hinteren Carapaxrand befindet sich ein Spalt.

Lebensraum: Besiedelt werden nur klare, flache Flüsse mit einer Tiefe bis 1,50 m oberhalb der Falllinie. Der Bodengrund ist sandig oder felsig. Während des Tages werden verschiedene Verstecke als Aufenthaltsorte bevorzugt, z. B. in Gesteinsspalten oder unter versunkenen Baumstämmen. Oft ist der Carapax von Algen und Blutegeln besiedelt (DODD ET AL. 1988).

Lebensweise: Über die Lebensweise der Flachen Moschusschildkröte in der Natur ist nicht allzu viel bekannt. Da sie sehr nah mit *S. minor* verwandt ist, kann zumindest angenommen werden, dass einige Verhaltensweisen ähnlich sind. Auch diese Art ist stark aquatil und an schnell strömende Fließgewässer angepasst. Die Weibchen suchen nur zur Eiablage das Land auf. Während der Wintermonate ist *S. depressus* inaktiv und führt eine Winterruhe durch. Wie lange diese genau andauert, ist nicht bekannt. MOUNT (1981) registrierte die ersten aktiven Tiere im April und die letzten im Oktober. Dabei wurden Wassertemperaturen von 17–27 °C gemessen. Während die adulten Tiere mehr in der Nacht aktiv sind, sind Jungtiere häufiger am Tag zu beobachten. ERNST et al. (1989) fanden vor allem kleinere Jungtiere tagsüber. Mit dem Wachstum verlagert sich die Aktivität mehr in die Dämmerung und Dunkelheit. So wurden am frühen Abend mehr Jungtiere beobachtet, aber nach Eintritt der Dunkelheit mehr junge adulte Tiere und noch später, nach 22.00 Uhr, hauptsächlich sehr große Alttiere. Nur während des zeitigen Frühjahrs, wenn die Wassertemperatur noch sehr niedrig ist, werden auch diese am Tag beobachtet (DODD et al. 1988). Mit steigenden Temperaturen verlagert sich die Aktivität dann zur Nacht hin. Bei radiotelemetrischen Untersuchungen stellten DODD und sein Team fest, dass Männchen 69 % des Tages in Bewegung sind, Weibchen dagegen nur 50 %. Dabei legen die Männchen größere Entfernungen (0,5–460 m, durchschnittlich 31,2 m) als Weibchen (0,5–160 m, durchschnittlich 19,2 m) zurück. Die Tiere sind relativ standorttreu und bleiben in der Regel im gleichen Gebiet. Männchen können Reviere von 77–123 m² besetzen. Die Schildkröten fallen Waschbären, Stinktieren, Füchsen und verschiedenen Vögeln zum Opfer. Auch ihre Nester werden von Waschbären, Stinktieren und Füchsen ausgeplündert. Jungtiere werden von verschiedenen Fischen gefressen.

Ernährung in der Natur: Die Hauptnahrung besteht aus Schnecken (71,7 %), aber auch Krebse (1,2 %) und verschiedene Insekten (1,4 %) dienen der Ernährung. Zu einem recht erheblichen Teil werden Muscheln (20,7 %) gefressen, vor allem die eingeschleppte asiatische *Corbicula maniliensis* (MARIÓN et al. 1991). Fisch wird nur ausnahmsweise verzehrt, wahrscheinlich in Form von Aas. Auch werden gelegentlich verschiedene Pflanzensamen (4,0 %) angenommen. Jungtiere ernähren sich von Käfern, Spinnen, Krebstieren und Muscheln.

Sternotherus depressus, Weibchen

Foto: M. Schmidt

Fortpflanzung: Paarungen finden wahrscheinlich unmittelbar vor und nach der Winterruhe statt. Ab Juni werden die Eier von den Weibchen in flache Nistgruben gelegt, die an den Randzonen des umgebenden Waldes angelegt werden. DODD et al. (1988) berichten von einem Gelege, das 6,5 m vom Wasser entfernt auf einer Sandbank unter lichter Vegetation am 31. Juli gefunden wurde. Es wurde von der Nachmittagssonne beschienen. Zwei frisch gelegte Eier waren 31,1–33,1 mm lang, 15,7–16,1 mm breit und wogen 5,5–6,0 g. Die Inkubation dauerte 45–47 Tage bei 25 °C. Die Schlüpflinge sind zwischen 26 und 27,1 mm lang. Für den Schlupf werden bis zu zwei Tage benötigt. Die Carapaxzeichnung ist nur schwach, dafür ist die typische Kopf- und Halsmusterung schon ausgebildet. Mit ca. 4–6 Jahren werden die Tiere geschlechtsreif. Die Weibchen sind dann 9–10 cm, die Männchen über 7,5 cm lang (TINKLE 1958). Bastarde mit *S. minor peltifer* sind wahrscheinlich möglich.

Haltung: Zur Haltung im Aquaterrarium können nicht viele Angaben gemacht werden. *S. depressus* ist aufgrund seiner begrenzten Verbreitung in den USA unter Schutz gestellt, sodass er nicht importiert wird. Die Art ist auch deutlich schwieriger zu halten als *S. minor.* Mir sind nur drei Pfleger von *S. depressus* im deutschsprachigen Raum bekannt. Eine Einzelhaltung ist notwendig, um eine stressfreie Haltung zu garantieren. MEIER (mündl. Mittlg.) berichtete, dass die Art ein „ähnliches" Verhalten wie die Spaltenschildkröte (*Malacochersus tornieri*) zeigt und sich mit Vorliebe in Spalten zwischen Gestein versteckt. Im Gegensatz zur Spaltenschildkröte allerdings natürlich im Unterwasserhabitat!

Gegen Störungen sind die Tiere sehr empfindlich: Selbst beim Umsetzen in ein anderes Terrarium verweigern die Tiere z. T. die Nahrungsaufnahme. Während des Winters sollte die Temperatur auf 15 °C gesenkt und das Licht abgeschaltet werden. Versteckplätze aus Wurzeln und Steinen sind für das Wohlbefinden wichtig. Der Einsatz eines Filters zur Erzeugung einer Wasserströmung ist sinnvoll. Die Paarung sollte man überwachen. Die Eier werden im Juni abgelegt. Sie benötigen ähnlich wie bei *S. minor* je nach Inkubationstemperatur 100–125 Tage zur Entwicklung. Im Aquaterrarium wurde im Juni ein Ei gelegt, das 32 × 16,4 mm groß war (ESTRIDGE 1970). Dieses Ei wurde inkubiert, der Schlupf erfolgte im Oktober nach 122 Tagen. Die Jungtiere sind einzeln zu halten. Im Alter von vier Jahren tritt die Geschlechtsreife ein.

Fütterung: Es sollte hauptsächlich tierische Kost verfüttert werden, vor allem Schnecken, aber auch Fisch, Regenwürmer und getrocknete Garnelen.

Sternotherus carinatus (GRAY, 1855)
Dach-Moschusschildkröte

Verbreitung: Das Verbreitungsgebiet dieser Moschusschildkröte liegt im Süden der USA. Es erstreckt sich von Südost-Oklahoma und Zentral-Arkansas südlich bis hin zum östlichen

Zentral-Texas und von Zentral-Mississsippi bis zum Golf von Mexiko.

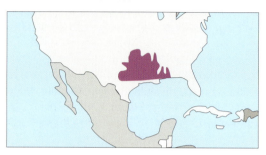

Terra typica: Louisiana; SCHMIDT (1953) grenzt sie auf „vicinity of New Orleans" (= Umgebung von New Orleans), Louisiana, USA, ein.

Beschreibung: Wie der Name schon andeutet, besitzt diese Moschusschildkröte einen sehr stark ausgeprägten Längskiel entlang der Rückenmitte. Besonders deutlich ist dieser bei halbwüchsigen Tieren. Bei ihnen wirkt der Carapax tatsächlich wie ein Dachfirst. Bei sehr alten Männchen kann der Kiel wieder deutlich abflachen. Die Grundfarbe schwankt zwischen Hellbraun, Beige und Oliv. Die Carapaxschilde sind mit einem dunklen schmalen Streifen begrenzt. Die meisten erwachsenen Exemplare besitzen eine dunkle, radiäre Flecken- und Streifenmusterung auf jedem Schild. Bei manchen sehr alten Tieren ist diese nur noch undeutlich erhalten oder ganz verschwunden. Die Wirbelschilde überlappen die nachfolgenden. Die Hornschilde des Plastrons sind bei dieser Art sehr stark zurückgebildet. Ein Kehlschild ist nicht vorhanden. Bei adulten Männchen sind die Hornschilde so weit zurückgebildet, dass

Sternotherus carinatus, Männchen   Foto: M. Schilde

Sternotherus carinatus, Weibchen, Ventralansicht. Bei den Weibchen sind die Bindegewebsnähte zwischen den Hornschilden schmaler. Ein Merkmal ist der fehlende Gularschild, als Unterschied zu *Sternotherus minor*. Foto: M. Schilde

sie sich nicht berühren; zwischen ihnen befinden sich breite weiße Bindegewebsstreifen. Die Schilde sind horngelb bis bräunlich gefärbt. Das Quergelenk zwischen Brust- und Bauchschilden ist nur schwach ausgebildet. Kopf und Beine sind grau bis braun, an manchen Stellen auch rosa gefärbt und schwarz gesprenkelt. An den Kiefern sind schwarze Streifen, und am Kinn sitzt ein Paar Barteln. Die Nase ist stark hervorgehoben. Schlüpflinge besitzen einen hellbraunen Carapax, der einige dunkle Flecken aufweist. Das Plastron ist rosa gefärbt und ebenfalls mit dunklen Flecken gemustert. Außerdem besitzen die Tiere einen leicht gezackten Carapaxhinterrand. Die Seitenkiele sind angedeutet.

Größe: Männchen werden mit bis zu 17,6 cm deutlich größer als Weibchen. Diese erreichen maximal 12,9 cm (HENNIG, schriftl. Mittlg.). Das größte von mir gehaltene männliche Exemplar war 16 cm lang.

Geschlechtsunterschiede: Neben dem Größenunterschied können die Männchen auch anhand der längeren, kräftigeren Schwänze und der Haftpolster an den Hinterbeinen erkannt werden. Der Kopf ist wesentlich massiger als bei Weibchen, und die Bauchschilde sind deutlich stärker reduziert, sodass nur noch Überreste von ihnen vorhanden sind.

Lebensraum: Besiedelt werden größere, langsame Ströme, ruhige Flüsse, Sümpfe und Überschwemmungsgebiete mit reichhaltiger Vegetation und weichem Bodengrund.

Lebensweise: In Oklahoma ist *S. carinatus* in der Zeit von März bis November aktiv. Den Rest des Jahres ziehen sich die Tiere zur Winterruhe am Gewässergrund unter Steine oder in Höhlen unter überhängenden Uferböschungen zurück. Besonders häufig nutzen sie auch das Wurzelwerk der ufernahen Vegetation. Noch bei 16 °C wird Nahrung aufgenommen. Die Haupttagesaktivitäten liegen nach MAHMOUD (1969) zwischen 4.40 und 11.00 Uhr bzw. 15.00 und 22.00 Uhr. Vermutlich können die Tiere durch ihren sehr hohen Carapax ihren Wärmehaushalt besser regulieren. *S. carinatus* ist relativ standorttreu. Bei Untersuchungen von MAHMOUD (1969) betrug die durchschnittliche Entfernung vom ersten Fangplatz beim Wiederfang bei den Weibchen 17 m und den Männchen 39 m. Fische, Wasserschlangen und andere Wasserschildkröten kommen als Feinde der Schlüpflinge in Betracht. Die Nester können von verschiedenen Säugern ausgeplündert werden.

Ernährung in der Natur: *S. carinatus* ist omnivor. Vor allem verschiedene Insekten, Krebse, Schnecken, Muscheln und Amphibien werden gefressen. Aber auch Aas von Fischen sowie Wasserpflanzen stehen auf dem Speiseplan (siehe Tabelle 4). Jungtiere unter 50 mm Carapaxlänge nehmen hauptsächlich kleine Wasserinsekten, Algen mit darin sitzenden Kleintieren und tote Fische auf. Sobald sie größer sind, wird alles angenommen. Die Hauptnahrung sind aber Mollusken.

Fortpflanzung: Ähnlich wie bei den anderen *Sternotherus*-Arten finden das ganze Jahr über Paarungen statt, wobei es ebenfalls zwei Höhepunkte im Frühjahr und im Herbst gibt. Entscheidend für die Befruchtung der Eier ist wahrscheinlich die Herbstpaarung, da die Spermienbildung erst im Juni einsetzt und Mitte August ihren Höhepunkt erreicht. Die Paarung erfolgt in ähnlicher Weise wie bei *S. odoratus*. Von Mai bis August werden die Eier gelegt, pro Gelege im Durchschnitt 2–5. TINKLE (1958) schätzt, dass ein Weibchen durchschnittlich 7,3 Eier in zwei Gelegen pro Jahr produziert. Es legen aber durchaus nicht alle Weibchen zweimal jährlich. Die Eier sind elliptisch mit einer weißen, harten Schale. Die Größe liegt bei 24–31 × 14,4–18,0 mm. 100–140 Tage sind für die Inkubation unter natürlichen Bedingungen (ca. 28 °C, 95 % relativer Luftfeuchte) nötig. Die Schlüpflinge sind zwischen 23 und 31 mm lang. Bei dieser Art werden die Weibchen erst mit ca. 10 cm Carapaxlänge in einem Alter von 4–5 Jahren geschlechtsreif. Die Männchen erreichen die Geschlechtsreife sogar noch später, nämlich mit 5–6 Jahren bei einer Länge von 10–12 cm.

Sternotherus carinatus, Schlüpflinge. Bei Schlüpflingen ist der Carapax besonders hoch.   Foto: M. Schilde

Haltung: Ich hielt eine Zeit lang drei Weibchen in einem Becken von 100 × 45 cm Grundfläche. Später musste ich die Tiere trennen, da es zu Beißereien untereinander kam. Der Landteil hatte eine Größe von 20 × 30 cm. Die Temperatur schwankte je nach Jahreszeit zwischen 20 und 30 °C. Auf einen Wärmestrahler konnte verzichtet werden, da die Tiere nie beim Sonnenbaden beobachtet wurden. Zur Winterruhe beließ ich die Schildkröten im Terrarium bei ausgeschalteter Beleuchtung. Nach der Winterruhe wurden die Weibchen mit den einzeln gehaltenen Männchen verpaart. Die Eiablage erfolgte stets im Mai oder Juni. Nach einer Inkubationszeit von 90–100 Tagen bei 28 °C und 98 % Luftfeuchte schlüpften die Jungen. Es wurden Gelege mit zwei und drei Eiern abgesetzt. Bei BECKER (1992) paarten sich 1,2 Tiere mit den Maßen von 11–13 cm Carapaxlänge und einem Gewicht von 125–201 g. Die Jungen dieser Tiere schlüpften nach 109–137 Tagen (28–30 °C, 95 % Luftfeuchte). Alle Eier wurden in Vermiculit inkubiert. Die Schlüpflinge hatten ein Gewicht von 3,4–4,2 g. Bei HENNIG (2000) schlüpften zwei Jungtiere nach 98 bzw. 103 Tagen mit einer Carapaxlänge von 2,15 bzw. 2,8 cm und 3,5 bzw. 4,0 g. Die Schlüpflinge können zusammen aufgezogen werden. Da sie ein größeres Deckungsbedürfnis als die erwachsenen Tiere haben, sollten viele Versteckmöglichkeiten eingebracht werden. Das Erreichen der Geschlechtsreife im Terrarium liegt bei ca. vier Jahren und einer Carapaxlänge von 9–10 cm.

Fütterung: Erwachsene Tiere bekommen Regenwürmer, Schnecken, Fisch, Rinder- und Hühnerherz, gelegentlich Banane, Apfel u. Ä. zu fressen. Außerdem kann verschiedenes Trockenfutter gegeben werden. Die Jungen werden abwechslungsreich mit Wasserflöhen, Roten Mückenlarven, kleinen Grillen, Regenwürmern, Kellerasseln und Gehäuseschnecken ernährt.

2.2 Unterfamilie Staurotypinae GRAY, 1869 – Kreuzbrustschildkröten

Bestimmungsschlüssel zur Unterfamilie Staurotypinae

1a Axillar- und Inguinalschilde sind gut entwickelt; Carapax und Plastron sind durch eine starre, knöcherne Brücke verbunden **2**

1b Axillar- und Inguinalschilde sind nicht vorhanden oder stark reduziert; Carapax und Plastron über eine bewegliche Brücke aus Bindegewebe verbunden ...... ***Claudius angustatus***

2a Vorderer Plastronlappen kürzer als hinterer; Brücke ist breiter: 4,5-fache Plastronlänge; Interfemoralnaht ist die längste der Plastronmittelnähte; drei Carapaxkiele sind lebenslang stark ausgebildet; Kiefer mit senkrechten dunklen und hellen Streifen; Kopf mit stark retikuliertem (netzartigem) Muster; Carapax heller, manchmal mit dunklen Streifen und Flecken; bis 40 cm .. ***Staurotypus triporcatus***

2b Vorderer Plastronlappen länger als hinterer; Brücke schmaler: 5,5- bis 10-fache Plastronlänge; Interhumeropectoralnaht ist die längste der Plastronmittelnähte; drei Carapaxkiele werden im Alter schwächer; Kiefer gleichmäßig dunkel; Kopf meistens einfarbig dunkel; Carapax dunkler, einfarbig oder düster gesprenkelt; bis 25 cm .... ***Staurotypus salvinii***

Claudius angustatus COPE, 1865
Großkopf-Schlammschildkröte

Verbreitung: Das Verbreitungsgebiet von *C. angustatus* erstreckt sich von Zentral-Veracruz, Mexiko, weiter ostwärts durch den Norden von Guatemala und Belize. Die Art besiedelt das Flachland. Auf der Halbinsel Yucatán kommt sie nur ganz im Süden vor.

Terra typica: „Tabasco, Mexico"; SMITH & SMITH (1979) schränken sie auf „Villahermosa, Mexico" ein.

Beschreibung: Der Carapax ist von beige über oliv bis dunkelbraun gefärbt. Die Carapaxzeichnung ist sehr variabel. Es kann auf jedem Schild ein Fleckenmuster vorhanden sein, das bei manchen Exemplaren in ein streifenförmiges dunkles Muster übergehen kann. Genauso gibt es Tiere, die überhaupt keine Flecken auf dem Carapax zeigen. Selbst Tiere vom selben Fundort können sich in der Färbung stark unterscheiden. Melanismus tritt manchmal auf – ich selbst besaß einen Schwärzling. Die Jungtiere haben drei schwache Kiele auf dem Carapax, die aber schnell im Verlauf des Wachstums verschwinden. Das Plastron ist stark reduziert und bedeckt die Bauchseite wie bei allen Vertretern der Unterfamilie nur kreuzförmig. Es ist von hellgelber Farbe. Im Gegensatz dazu weisen Schlüpflinge auf jedem Schild des Plastrons einen großen gelben Fleck auf, der schwarz umrahmt ist. Eine knöcherne Brücke zwischen Carapax und Plastron ist nicht ausgebildet. Sie ist so stark reduziert, dass nur elastisches Bindegewebe Rücken- und Bauchpanzer miteinander

Claudius angustatus, große Form, Männchen. Der markante „Büffelrücken" ist deutlich zuerkennen.

Foto: M. Schilde

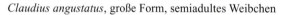

Claudius angustatus, große Form, semiadultes Weibchen

Fotos: M. Schilde

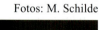

Claudius angustatus, kleine Form, Weibchen, Ventral-ansicht. Das kreuzförmige Plastron ist nur durch eine Brücke aus Bindegewebe mit dem Carapax verbunden.
Foto: M. Schilde

verbindet. Der Kopf ist sehr groß und kann nicht vollständig unter den Panzer zurückgezogen werden. Die Kiefer sind sehr kräftig. Die Hornleiste des Oberkiefers besitzt neben der hakenartigen Schnauzenspitze zwei weitere zahnartige Haken. Sie dienen vermutlich dem besseren Festhalten sich schnell bewegender Beute. Ihr ausgesprochen langer und beweglicher Hals macht Großkopf-Schlammschildkröten sehr wendig und wehrhaft; sie können äußerst kräftig zubeißen. Die Färbung des Kopfes entspricht im Wesentlichen der des Carapaxes. Es gibt Tiere mit starker Kopfzeichnung in Form von schwarzen Punkten und Strichen, die z. T. die Kiefer umfassen. Die Männchen sind meistens besonders an den Kiefern stärker gezeichnet. Über der Schnauzenspitze auf dem Schädeldach befindet sich eine knopfartige Hornschuppe (Nasalschild). Am Unterkiefer sind zwei Barteln zu sehen. Die Gliedmaßen und Weichteile sind gelblich über grau bis graubraun und zeichnungslos. Die Beine

sind überaus kräftig. Kombiniert mit ihrer großen Bewegungsfreiheit durch das stark reduzierte Plastron, besitzen die Schildkröten ein regelrechtes Sprungvermögen.

Größe: Die Männchen werden deutlich größer als die Weibchen. Erstere haben eine maximale Carapaxlänge bis 18 cm, Weibchen von 12–14 cm.

Geschlechtsunterschiede: Neben dem Größen- und vor allem Gewichtsunterschied besitzen die Männchen einen größeren Kopf. Die knopfartige Schuppe auf der Schnauzenspitze ist deutlicher hervorgehoben. Der Schwanz ist länger und dicker. Manche alte Männchen bekommen einen „Büffelrücken". Der ansonsten relativ flache Carapax hat seinen höchsten Punkt über den vorderen Gliedmaßen.

Lebensraum: *C. angustatus* bewohnt Sümpfe, Teiche und langsame Fließgewässer bis in Höhenlagen von 300 m. Hauptsächlich werden aber saisonal überflutete Grasländer besiedelt.

Claudius angustatus, kleine Form, Weibchen. Die Schildkröten können sich durch kräftige Bisse gut verteidigen. Der Oberkiefer ist dreizackig.
Foto: M. Schilde

In diesen Gewässern herrscht weicher, schlammiger Bodengrund vor.

Lebensweise: Die Großkopf-Schlammschildkröte ist eine sehr aquatile, dämmerungsaktive Art. Nur zu Beginn der Trockenzeit Anfang November verlassen die Tiere in temporären Gewässern ihren angestammten Lebensraum und führen teilweise eine mehrmonatige Trockenruhe eingegraben im Uferschlamm durch. Die Hauptaktivität während der Regenzeit beschränkt sich hauptsächlich auf die Fortpflanzung sowie Nahrungssuche. Bei der Nahrungssuche bewegen sie sich schwimmend oder auch auf dem Grund laufend fort. Auch konnte stundenlanges Liegen mit offenem Maul, ähnlich wie bei der Geierschildkröte (*Macroclemys temminckii*), beobachtet werden. Als Feinde kommen verschiedene kleine Säuger für Gelege in Betracht. Schlüpflinge und Jungtiere sind durch große Fische, andere Schildkröten und Vögel gefährdet. Adulten Tieren können im Wesentlichen nur noch Panzerechsen gefährlich werden.

Ernährung: Als Nahrung dienen vor allem verschiedene Mollusken, Würmer und Insekten. Hauptbeute sind wahrscheinlich aber Amphibien und deren Larven sowie Fische, worauf auch das außergewöhnliche Sprungvermögen dieser Schildkröte hindeutet.

Fortpflanzung: Während der Regenzeit von Juni bis Oktober finden Paarungen statt. Zu Beginn der Trockenzeit im November bis in den Februar vergraben die Weibchen ihre Gelege. Die meisten Gelege werden aber im November und Anfang Dezember abgesetzt. 1–2 Gelege pro Jahr sind möglich. Manchmal werden die Eier nur offen zwischen die Vegetation gelegt, ohne eine Nistgrube auszuheben. Die von FLORES-VILLELA & ZUG (1995) in ihrer Studie untersuchten Exemplare aus dem Río Papaloapan in Veracruz waren durchschnittlich 118,3 mm (Männchen, n = 118) und 109,1 mm (Weibchen, n = 132) lang. Die kleinsten geschlechtsreifen Tiere maßen 98 mm (Männchen) und 89 mm (Weibchen). Die Gelegegröße lag bei 1–6 Eiern, meistens waren es aber 2–4. Bei 130 vermessenen Eiern betrug die durchschnittliche Größe 30,5 × 17,5 mm und das Durchschnittsgewicht 6,0 g. Die Inkubationsdauer liegt, bedingt durch die manchmal in der Embryonalentwicklung einsetzende Diapause, zwischen 95 und 229 Tagen.

Haltung: *C. angustatus* ist sicher eine der interessantesten und ungewöhnlichsten Wasserschildkröten. Die Tiere sollten einzeln im Aquaterrarium untergebracht werden. Je nach Größe sollten die Becken mindestens zwischen 50 × 30 cm und 80 × 40 cm groß sein. Im Allgemeinen beißen sich die Tiere untereinander nicht. Die Anwesenheit eines Artgenossen führt aber gerade bei *C. angustatus* zu solchem Stress, dass manche Exemplare die Nahrungsaufnahme verweigern bzw. sich nur noch auf dem Landteil vergraben. Wenn sie dann nicht rechtzeitig separiert werden, führt es unter Umständen zum Tod des unterlegenen Tieres. Die Großkopf-Schlammschildkröte ist so sensibel, dass es sogar beim Umsetzen in ein anderes Terrarium zu vorübergehender Nahrungsverweigerung kommen kann. Beim Herausnehmen reagieren die Tiere manchmal sehr aggressiv und beißen zur Abwehr kräftig zu. Durch ihren langen, muskulösen Hals können sie auch gut nach hinten schnappen. Das Aquaterrarium muss mit vielen Versteckmöglichkeiten ausgestattet sein. Vor allem Tonröhren und Moorkienwurzeln haben sich gut bewährt. Nur die Weibchen gehen an Land, und auch diese nur zur Eiablage. Ein vorheriges Sonnen konnte ich nie beobachten. Gelegentlich gräbt sich ein Tier für mehrere Tage im Substrat des Landteils ein. Es folgt dann seinem natürlichen Rhythmus und führt eine Trockenruhe durch. Man sollte es dann auf dem Landteil belassen. Nach einigen Tagen geht

Claudius angustatus, kleine Form, Schlüpfling, Ventralansicht   Foto: M. Schilde

Claudius angustatus, kleine Form, Schlüpfling
Foto: M. Schilde

es wieder ins Wasser. Sollten sich mehrere Tiere im gleichen Terrarium befinden, kann dieses Verhalten aber auch – wie oben beschrieben – ein Anzeichen für Stressbelastung bedeuten. Die Weibchen werden Mitte Juli bis Mitte August unter Aufsicht zur Paarung zu den Männchen gesetzt. Meist erfolgt eine sofortige Kopulation. Falls das Weibchen nicht paarungsbereit ist und zu flüchten versucht, wird es nach einer Woche nochmals zugesetzt. Zuerst nimmt das Männchen die Geruchsstoffe des Weibchens durch „Wasserkauen" auf. Anschließend fächert es dem Weibchen seine eigenen Geruchsstoffe mit den Vorderbeinen zu. Dann erfolgt die Kopulation. Oft wird die Paarung aber auch unvermittelt eingeleitet. Die Weibchen beginnen ab Ende August mit der Eiablage. Sie legen ihre 2–6 Eier ohne Komplikationen im Sand des Landteils ab. Es ist dabei unerheblich, ob ein Strahler installiert ist oder nicht. Im Abstand von 1–2 Monaten werden bis zu sechs Gelege pro Saison abgesetzt. Eine so hohe Anzahl ist aber die absolute Ausnahme, meist sind es nur 2–3. Während der Trächtigkeit ist es wichtig, dass die Weibchen mit gehaltvollem Futter ernährt werden. Besonders geeignet sind Gehäuseschnecken. Eine einheitliche Aussage über die Inkubationszeit zu geben ist recht schwierig, da die Embryonen oft eine Diapause einlegen.

Daher können selbst unter konstanten Bedingungen (28 °C, 98 % relative Luftfeuchte) Inkubationszeiten von 70–225 Tagen auftreten. Wenn die Eier in den ersten Tagen kühler (18–22 °C) und anschließend bei 25 oder 28 °C inkubiert werden, entwickeln sie sich meist gleich bleibend schnell. Bei Eiern, die sofort nach der Ablage in einen Inkubator mit 28 °C überführt werden, kommt es häufiger zu einer Stagnation der Entwicklung. Normalerweise schlüpfen die Jungen bei konstant 25 °C nach ca. 150 und bei konstant 28 °C nach ca. 100 Tagen. Da *C. angustatus* vermutlich Geschlechtschromosomen besitzt, hat die Inkubationstemperatur keinen Einfluss auf das Geschlecht. Die Schlüpflinge sind 29–30 mm groß. Am besten werden die jungen Schildkröten einzeln untergebracht. Auch hier ist auf Versteckmöglichkeiten zu achten. Bei guter Fütterung und hohen Temperaturen wachsen sie sehr schnell. Ich halte diese Art für eine der schnellwüchsigsten Schildkröten überhaupt. Deshalb sind Jungtiere auch sehr anfällig für Mineralstoffmangel. Sie müssen also ausgesprochen vielseitig und mineralstoffreich vor allem mit lebendem Futter ernährt werden. Mit 4–5 Jahren legen die Weibchen ihre ersten Eier. In diesem Alter sind auch die Männchen geschlechtsreif. Die Tiere besitzen dann eine Carapaxlänge von 9–12 cm, je nach Form.

Staurotypus salvinii, Weibchen (Guatemala) Foto: M. Schilde

Lebensweise: Über die Lebensweise in der Natur ist nicht viel bekannt. Vermutlich führen einige Populationen ähnlich wie *C. angustatus* während der Trockenzeit eine Ästivation durch, was man aus dem Verhalten im Terrarium schließen kann. Die schwimmfreudige und nachtaktive Schildkröte verlässt außer zur Trockenruhe nur zur Eiablage das Wasser. Gelege und Jungtiere werden von verschiedenen Räubern bedroht. Adulte haben vermutlich keine Feinde.

Ernährung in der Natur: Als Hauptnahrung kommen verschiedene Wasserinsekten, Schnecken, Krebse, kleine Fische und Amphibien in Betracht. Auch Aas kleiner Wirbeltiere wird sicherlich nicht verschmäht.

Fortpflanzung: *S. salvinii* legt wie auch *C. angustatus* zu Beginn der Trockenzeit seine Eier ab. Leider ist in der Literatur zur Fortpflanzung in der Natur keine Aussage zu finden. Aus der Terraristik wird berichtet, dass die Tiere meist

Staurotypus salvinii, Weibchen, Ventralansicht (Guatemala) Foto: M. Schilde

Staurotypus salvinii, Weibchen (Guatemala) Foto: M. Schilde

im September mit der Eiablage beginnen (SCHMIDT 1970). Die Gelege können 4–10 Eier umfassen. Bis zu drei Gelege im Abstand von 1,5 Monaten pro Saison sind möglich. Die Daten der Eier liegen zwischen 38–43 × 18–21 mm und einem Gewicht von 13–19 g. Bei 80 % Luftfeuchte und 24 °C benötigten die Jungen bei SCHMIDT (1970) 207 Tage bis zum Schlupf. Genaue Aussagen zur Inkubationszeit sind durch die mögliche Diapause während der

Staurotypus salvinii, Weibchen (Mexiko) Foto: M. Schilde

Embryonalentwicklung nicht möglich. Es sind schon Zeiten zwischen 80 und 210 Tagen bei 25–30 °C aufgetreten. Schlüpflinge sind 25–32 mm lang und besitzen ein Gewicht von durchschnittlich 6 g. Bis zur Geschlechtsreife benötigen die Tiere 8–10 Jahre; sie haben dann eine Carapaxlänge von ca. 16 cm.

Haltung: *S. salvinii* gilt als extrem unverträglich und sollte unbedingt einzeln gehalten werden. Vielleicht ist es jedoch möglich, mehrere Weibchen in einer Gruppe zusammen zu pflegen. Von einer Vergesellschaftung mit anderen Arten ist aber in jedem Fall abzuraten! Da die Tiere sehr schwimmaktiv sind, sollten die Becken großzügig bemessen sein (mindestens 130 × 50 cm Grundfläche). Ein Wasserstand von mindestens 40 cm ist erforderlich. Da *S. salvinii* sehr wärmeliebend ist, benötigt er Wassertemperaturen von mindestens 25 °C, besser höher. Ab Juli sollten die Weibchen zu Paarungsversuchen zum Männchen gesetzt werden. Die Tiere nehmen geruchlich Kontakt auf. Falls das Weibchen paarungsbereit ist, kommt es in der Regel sofort ohne Balzhandlungen zu einer Kopulation. Ab Mitte September kann man wie oben beschrieben mit einer Eiablage rechnen. Die Eier sollten in der Anfangsphase der Inkubation nicht zu warm bebrütet werden, um keine Diapause zu provozieren. Nach dem Schlupf der Jungen können diese die ersten Jahre einzeln oder in kleinen Gruppen aufgezogen werden. Sobald Beißereien auftreten, müssen sie sofort getrennt werden.

Fütterung: Diese Art ernährt sich rein carnivor. Neben verschiedenem Katzentrockenfutter, Schnecken und Regenwürmern werden vor allem größere Futterbrocken gefressen: Ratten- und Mäusebabys, größere Fische oder Fischstücke sowie Rinderherz können ebenfalls verfüttert werden. Die letzteren Futtermittel sollten öfters mit Mineralstoffen und Vitaminen aufgewertet werden.

Unterarten: Es sind keine Unterarten beschrieben. Aus Guatemala wurden Tiere bekannt, die deutlich kleiner waren und eine kräftigere Färbung zeigten als die Tiere aus Mexiko (REIMANN, mündl. Mittlg.).

> ***Staurotypus triporcatus*** (WIEGMANN, 1828)
> Große Kreuzbrustschildkröte

Verbreitung: Das Verbreitungsgebiet erstreckt sich von Zentral-Veracruz, Tabasco, Campeche, den südlichsten Teil der Yucatán-Halbinsel über Belize, den Norden von Guatemala bis Nordwest-Honduras.

Terra typica: „Río Alvarado", Veracruz (Mexiko).

Beschreibung: Die Grundfarbe des Rückenpanzers ist beige bzw. hell- bis mittelbraun. Auf jedem Carapaxschild ist noch eine Andeutung der Jungtierzeichnung in Form von schwarzen Flecken und Strichen vorhanden. Die drei Kiele sind sehr stark ausgebildet und bleiben zeitlebens erhalten. Das kreuzförmige Plastron ist von hellgelber Farbe. Auch hier ist auf jedem Schild noch ein kleiner Rest der Jugendzeichnung erhalten, der aber mitunter auch vollständig verschwunden sein kann. Die Brücke ist sehr schmal, verbindet aber Carapax und Plastron starr miteinander. Der Kopf ist sehr groß, bis 14 cm lang. Er ist weißlich bis hellgrau und mit einem starken schwarzen Fleckenmuster überzogen, vor allem auf dem Schädeldach und an den Kiefern. Die Nase ist deutlich hervorgehoben. Am Kinn befindet sich ein Paar großer

Staurotypus triporcatus, Männchen. Die Nase ist stärker aufgewölbt und die Kiefer sind dunkler gezeichnet. Foto: M. Schilde

Staurotypus triporcatus, Weibchen. Die Nasenregion ist weniger ausgeprägt und die Kiefer sind heller als bei den Männchen. Foto: M. Schilde

Barteln. Hals, Gliedmaßen und die übrigen Weichteile sind hell- bis mittelgrau. Schlüpflinge sind vollständig schwarzweiß gemustert, ähnlich wie die Kopfzeichnung der Adulten.

Größe: *S. triporcatus* ist die größte Schlammschildkröte und kann bis 38 cm Carapaxlänge erreichen! Dieses größte bislang bekannte Tier wurde im Roaring Creek, Belize, gefunden. Das größte Tier aus Veracruz hatte immerhin 35 cm Carapaxlänge (PRITCHARD 1979). Beide Geschlechter können derartig groß werden.

Geschlechtsunterschiede: Neben dem wesentlich längeren, dickeren Schwanz und den Haftpolstern an den Hinterbeinen besitzen die Männchen eine noch stärker hervorgehobene Nase, wodurch auch der Kopf insgesamt etwas größer wirkt. Die Brücke der Männchen ist im Allgemeinen etwas schmaler als die der Weibchen.

Lebensraum: Diese Art bevorzugt permanente Gewässer wie größere Seen, Lagunen, Kanäle, langsam strömende Flüsse und deren Altarme. Sie kommt auch im Brackwasser vor.

Lebensweise: Die Große Kreuzbrustschildkröte ist dämmerungs- und nachtaktiv und lebt eher versteckt. Genau wie *S. salvinii* ist diese Art sehr schwimmfreudig. In ungünstigen Habitaten kann sicher auch eine Trockenruhe durchgeführt werden. Ansonsten wird das Wasser nur zur Eiablage verlassen, die zu Beginn der Trockenzeit stattfindet. Den Jungen kann neben verschiedenen Kleinsäugern auch das

Staurotypus triporcatus, Weibchen Foto: M. Schilde

Staurotypus triporcatus, Weibchen, Ventralansicht
Foto: M. Schilde

Beulenkrokodil (*Crocodylus moreletii*) gefährlich werden. Für adulte Tiere stellt vor allem der Mensch, der sie als Nahrungsmittel fängt, eine Bedrohung dar. Große Kreuzbrustschildkröten werden unter Ausnutzung ihrer Fressgier mit kräftigen Haken geangelt und anschließend erst nach qualvoller langer Hälterung (oft mit dem Haken im Maul) geschlachtet (OBST, mündl. Mittlg.).

Ernährung in der Natur: Eigentlich ist diese Art ein Molluskenspezialist, der sich hauptsächlich von Schnecken ernährt. Andere Nahrung

Staurotypus triporcatus, Männchen, Ventralansicht
Foto: M. Schilde

wird aber auch nicht verschmäht. So werden gelegentlich Früchte und Samen gefressen. Ebenso dienen Fische, Amphibien, Insekten und Aas als Nahrung. Selbst andere Schlammschildkrötenarten wie *Kinosternon leucostomum* und *K. acutum* können als Beute im Magen von Exemplaren dieser Art landen (PRITCHARD 1979).

Fortpflanzung: Die Eier werden zu Beginn der Trockenzeit ab November auf Sandbänken vergraben. Die Gelege können zwischen drei und zehn Eier umfassen, die durchschnittlich 37,5 × 22,5 mm groß sind. Ab April schlüpfen die Jungen mit einer Carapaxlänge von ca. 30 mm.

Haltung: Aufgrund der enormen Größe dieser Art sind Aquaterrarien mit einer Grundfläche von ca. 150 × 50 cm für zwei Tiere erforderlich. *S. triporcatus* ist nicht so aggressiv untereinander wie die vorherige Art. Es können ohne Probleme mehrere Weibchen zusammen gehalten werden. Nur bei der Fütterung muss man sehr aufgepasst, dass sich nicht zwei Tiere gleichzeitig in einen Futterbrocken verbeißen. Bei mir leben z. Zt. 0,2 Tiere in einem Becken von 150 × 50 cm. Der Landteil hat eine Grundfläche von 50 × 35 cm. Die Männchen werden jeweils einzeln in Becken von 100 × 50 cm gehalten. Da die Art relativ schwimmfreudig ist, sollte der Wasserstand mindestens 40 cm betragen. Die Wassertemperaturen liegen zwischen 25 und 28 °C. Nachts können die Temperaturen auch etwas darunter liegen. Die Lufttemperatur sollte um einige Grad höher als die Wassertemperatur sein. Nur zur Paarung im August oder September werden die Weibchen unter Aufsicht zu den Männchen gesetzt. Wenn das Weibchen ruhig am Boden liegt, fächelt ihm das Männchen mit den Vorderbeinen Geruchsstoffe zu. Ist das Weibchen paarungsbereit, erfolgt nach kurzem Treiben die Kopulation. Diese kann bis zu einer halben Stunde dauern. Falls das Weibchen keine Paarungsbereitschaft zeigt, verfolgt das Männchen seine Partnerin intensiv weiter und versucht, durch gezielte Bisse in Vorderbeine und Kopf das Weibchen zur Paarung zu motivieren. Man sollte dann die Tiere sofort trennen, da es sonst zu ernsten Verletzungen des Weibchens kommen kann. Ab September legen die Weibchen ihre Eier. Bis zu zwei Gelege pro Saison werden produziert. Bei meinen Tieren wurden je einmal drei, sechs, neun und zehn Eier abgesetzt. Die Ablagen erfolgten im September, Januar und Februar. Ohne Probleme nehmen die Weibchen auch relativ kleine Landteile an. Die Inkubation ist nicht ganz einfach. Oft bilden die Eier die bekannte Bauchbinde aus. Die Embryonen bleiben dann aber meist in dieser Entwicklungsstufe stehen und legen eine Diapause ein. Meist wird dann die Weiterentwicklung, auch nach einer Klima-Umstellung, nicht mehr fortgesetzt. Als einigermaßen günstig hat sich eine anfängliche Abkühlung der Eier auf 20 °C erwiesen. Nach vier Wochen wird die Temperatur auf 28 °C angehoben. Leider war aber die Befruchtungsrate der Eier meiner Tiere sehr gering, sodass nur drei Jungtiere schlüpften. Ähnlich wie bei *C. angustatus* sind durch die geschilderten Verhältnisse genaue Aussagen zur Inkubationsdauer derzeit kaum möglich. Bei konstant 28 °C und 98 % relativer Luftfeuchte schlüpften nach 108, 231 und 225 Tagen Jungtiere (SCHILDE 2000). Da diese Art Geschlechtschromosomen besitzt, hat die Temperatur keinen Einfluss auf die Geschlechterverteilung. Die Schlüpflinge können einzeln oder in Gruppen aufgezogen werden. Wenn man keine „Intensivaufzucht" betreibt, erreichen die Weibchen ihre Geschlechtsreife nach 8–10 Jahren. Sie besitzen dann zwischen 17 und 20 cm Carapaxlänge. Die Männchen führen meist schon 1–2 Jahre früher erste Paarungsversuche durch. Da sie nicht wie *C. angustatus* über einen langen Hals verfügen, schnappen sie auch nicht um sich. Wenn sie in die Hand genommen werden, drohen sie nur mit geöffnetem Maul, ohne aber zu beißen. Trotzdem ist vor ihren kräftigen Kiefern Vorsicht geboten. *S. triporcatus* ist eine sehr schöne und gut zu haltende Art, die aber aufgrund ihrer Größe nur wenige Liebhaber findet.

Fütterung: Vor allem tierische Kost, wie Rinderherz, Ratten- und Mäusebabys, Gehäuseschnecken (Schnirkelschnecken) sowie Fische.

Unterarten: Verschiedene geographische Variante, geschweige denn Unterarten, wurden bis jetzt nicht beschrieben. Es gibt zwar Unterschiede im Schwarzanteil der Kopfzeichnung, wahrscheinlich ist dies aber nur ein individuelles Merkmal.

Oben: *Staurotypus triporcatus*, Schlüpfling, Ventralansicht. Diese Jugendzeichnung verschwindet später.
Foto: M. Schilde

Unten: *Staurotypus triporcatus*, Jungtier
Foto: H. Werning

3. Anhang

In diesem Anhang werden alle Arten der Gattung *Kinosternon* mit einer oder mehreren Ventralansichten dargestellt. Gerade die Beschilderung des Plastrons kann relativ sicher zur Art- oder Unterartbestimmung herangezogen werden. Die Arten der anderen Gattungen lassen sich relativ einfach unterscheiden, sodass die Plastren bei den Artbeschreibungen abgebildet sind.

Alle Fotos von M. Schilde, sofern nicht anders angegeben.

Kinosternon acutum
Weibchen

Foto: J. B. Iverson

Kinosternon creaseri
Männchen
(Quintana Roo, Mexiko)

Kinosternon leucostomum leucostomum
„HLB"-Form
Männchen

Männchen

Kinosternon leucostomum postinguinale
(Nicaragua)

Weibchen. Typisches Plastron mit getrennten Inguinal- und Axillarschilden

124

Männchen
(Surinam)

Kinosternon scorpioides scorpioides
Männchen

Weibchen
(vermutlich Brasilien)

Männchen
(vermutlich Brasilien)

Männchen
(Nicaragua)

Kinosternon cruentatum
Weibchen
(Nicaragua)

Weibchen,
Nicaragua.
Bei diesem Weibchen sind
die Inguinalschilde geteilt.

juveniles Männchen
(Guatemala)

Foto: J. Buskirk

Kinosternon cruentatum
SO-Oaxaca, Mexiko

Männchen *

Kinosternon integrum
juvenil *

Jungtier

*(Puerto Marquez, Guerrero, Mexiko)

125

Kinosternon chimalhuaca
Männchen

Kinosternon oaxacae
Männchen
(Oaxaca, Mexiko)

Foto: J. B. Iverson

Männchen
(Oaxaca, Mexiko)

Foto: J. Buskirk

Foto: J. B. Iverson

Foto: J. B. Iverson

Kinosternon alamosae
Männchen   Weibchen

Foto: G. Schaffer

Foto: G. Schaffer

Kinosternon hirtipes hirtipes
Männchen

Kinosternon hirtipes tarascense
Männchen   Weibchen

Kinosternon hirtipes murrayi
Weibchen

Foto: J. B. Iverson

Kinosternon sonoriense longifemorale
Weibchen
(Quitobaquito Springs, Arizona, USA)

Kinosternon flavescens flavescens
Männchen

Kinosternon subrubrum hippocrepis
Männchen   Weibchen

Kinosternon baurii
Männchen   Weibchen

Foto: J. B. Iverson

Kinosternon angustipons
Weibchen

Foto: J. B. Iverson

Kinosternon dunni
Weibchen, Paratypus

Foto: J. B. Iverson

Kinosternon herrerai
Männchen
(Veracruz, Mexiko)

4. Glossar

adult
erwachsen, geschlechtsreif

apomorph
abgeleitetes Merkmal

Ästivation
Trockenruhe

Carapax
Rückenpanzer

carnivor
Fleisch fressend

Diapause
Ruhepause in der Embryonalentwicklung

dorsal
auf dem Rücken, von oben

endemisch
ausschließlich in einem bestimmten Gebiet vorkommend

Hibernation
Winterruhe

Inkubation
Zeitigung

interspezifisch
zwischen verschiedenen Arten

intraspezifisch
innerhalb einer Art

juvenil
jugendlich

konkav
hohl, nach innen gewölbt

konvex
nach außen gewölbt

kryptisch
versteckt

lateral
an der Seite, seitlich

Morphologie
Wissenschaft von Gestalt und Bau der Tiere

Nasale
Nasen- oder Schnauzenschild

olfaktorisch
geruchlich, mit Hilfe des Geruchssinns

omnivor
allesfressend

paraphyletisch
von mehreren Arten abstammend

phylogenetisch
stammesgeschichtlich

Plastron
Bauchpanzer

Postorbitalstreifen
Streifen hinter dem Auge, der sich entlang der Schläfe zieht

semiadult
halbwüchsig

sympatrisch
gemeinsam im selben Lebensraum vorkommend

synök
gemeinsam im selben Habitat (Kleinstlebensraum) vorkommend

Synonym
ein für ungültig erklärter wissenschaftlicher Name (Prioritätsregel)

Taxon
systematische Kategorie, z. B. Art, Gattung, Familie etc.

ventral
auf dem Bauch, von unten

Vinculae
Haftpolster an den Hinterbeinen

5. Literaturverzeichnis

ARTNER, H. & G. SCHAFFER (1997): Nomenklatur aktuell. – Emys, 4 (2): 29–33.

BANCROFT, G.T., D.T. GROSS, N.N. ROJAS, D.A. SUTPHEN & R.W. MCDIARMID (1983): Largescale operations management test of use of the white amur for control of problem aquatic plants. The herpetofauna of Lake Conway: Species accounts. – Mis. Pap. A-83-5. Army Engineer Waterways Exp. Stat., Vicksburg, Mississippi, 354 S.

BECKER, H. (1992): Beobachtungen bei der Haltung und Nachzucht von Sternotherus carinatus (GRAY, 1856). – Salamandra 28 (1): 9–13.

BENNETT, D.H., J.W. GIBBONS, J.C. FRANSON (1970): Terrestrial activity in aquatic turtles. – Ecology 51: 738–740.

BERRY, J.F. (1975): The population effects of ecological sympatry on musk turtles in northern Florida. – Copeia 1975: 692–701.

– (1978): Variation and systematics in the Kinosternon scorpioides and K. leucostomum complexes (Reptilia: Testudines: Kinosternidae) of Mexiko and Central America. – Ph. D. Diss., Univ. Utah, Salt Lake City, Utah.

– & C.M. BERRY (1984): A reanalysis of geographic variation and systematics in the yellow mud turtle, Kinosternon flavescens (AGASSIZ). – Ann. Carnegie Mus. 53 (7): 185–206.

– & J.B. IVERSON (1980): A new species of mud turtle, genus Kinosternon, from Oaxaca, Mexico. – J. Herpetol. 14 (4): 313–320.

– & J.M. LEGLER (1980): A new turtle (genus Kinosternon) from Sonora, Mexico. – Contrib. Sci. Nat. Hist. Mus. Los Angeles Co. (325): 1–12.

–, M.E. SEIDEL & J.B. IVERSON (1997): A new species of mud turtle (genus Kinosternon) from Jalisco and Colima, Mexiko, with notes on ist natural history. – Chelon. Conserv. Biol. 2 (3): 329–337.

BOULENGER, G.A. (1913): On a collection of batrachians and reptiles made by Dr. H. G. Spurell, F. Z. S. in the Choco, Colombia. – Proc. Zool. Soc. London. 1913: 1019–1038.

BRAMBLE, D.M., J. H. HUTCHINSON & J.M. LEGLER (1984): Kinosternid shell kinesis: structure, function and evolution. – Copeia (2): 456–475.

BUDDE, H. (1980): Verbesserter Brutbehälter zur Zeitigung von Schildkrötengelegen. – Salamandra 16 (3): 177–180.

CABRERA, M.R. & S.E. COLANTONIO (1997): Taxonomic Revision of the South American Subspecies of the Turtle Kinosternon scorpioides. – J. Herpetol. 31 (4): 507–513.

CAGLE, F.R. (1937): Egg laying habits of the slider turtle (Pseudemys troostii), the painted turtle (Chrysemys picta), and the musk turtle (Sternotherus odoratus). – J. Tennese Acad. Sci. 12: 87–95.

– (1942): Turtle populations in southern Illinois. – Copeia: 155–162.

CARPENTER, C.C. (1957): Hibernation, hibernacula and associated behavior of the three-toed box turtle (Terrapene carolina triunguis). – Copeia 1957: 278–282.

CARR, A.F. (1952): Handbook of turtles. The Turtles of the United States, Canada, and Baja Carlifornia. – Cornell Univ. Press, Ithaca, New York, 542 S.

CARR, J.L. & R.B. MAST (1988): Natural history observations of Kinosternon herrari (Testudines: Kinosternidae). – Trianea (1): 87–97.

CHRISTIANSEN, J.L. & A.E. DUNHAM (1972): Reproduction of the yellow mud turtle (Kinosternon flavescens) in New Mexico. – Herpetologica 28: 130–137.

CHRISTIANSEN, J.L., J.A. COOPER, J.W. BICKHAM, G.J. GALLAWAY & M.A. SPRINGER (1985): Aspects of the natural history of the yellow mud turtle Kinosternon flavescens (Kinosternidae) in Iowa: A proposed endangered species. – Southwest. Natur. 30: 413–425.

CLARK, P.J., M.A. EWERT & C.E. NELSON (1986): Physiological aspects of temperature dependent sex. – Proc. Indiana Acad. Sci. 95: 519.

CONANT, R. & R.M. BAILEY (1936): Some herpetological records from Monmouth and Ocean counties, New Jersey. – Occ. Pap. Mus. Zool. Univ. Michigan (328): 1–18.

CONGDON, J.D., J.L. GREENE & J.W. GIBBONS (1986): Biomass of freshwater turtles: A geographic comparison. – Amer. Midl. Natur. 115: 165–173.

COPE, E.D. (1865): Third contribution to the herpetology of tropical America. – Proc. Acad. Nat. Sci. Philad. 17: 185–198.

DEAN, R.H. (1980): Selected aspects of the ecology of the Central American mud turtle, *Staurotypus salvini*. – Unpubl. M.S. thesis, Texas A&M University, College Station, Texas.

DEGENHARDT, W.G. & J.L. CHRISTIANSEN (1974): Distribution and habitats of turtles in New Mexico. – Southwest. Natur. 19: 21–46.

DEITZ, D.C. & D.R. JACKSON (1979): Use of American alligator nests by nesting turtles. – J. Herpetol. 13: 510–512.

DODD, C.K. (1989): Secondary sex ratio variation among populations of the flattened musk turtle, *Sternotherus depressus*. – Copeia 1989: 1041–1045.

–, K.M. ENGE & J.N. STUART (1988): Aspects of the biology of the flattened musk turtle, *Sternotherus depressus*, in northern Alabama. – Bull. Florida St. Mus. Biol. Sci. 34: 1–64.

DUELLMANN, W.E. (1965): Amphibians and Reptiles from the Yucatan Peninsula, Mexiko. – Univ. Kansas Publ. Mus. Nat. Hist. 15 (12): 577–614.

DUNSON, W.A. (1981): Behavioral osmoregulation in the Key mud turtle, *Kinosternon b. baurii*. – J. Herpetol. 15: 163–173.

EDGREN, R.A. (1942): A nesting rendezvous of the musk turtle. – Chicago Natur. 5: 63.

– (1956): Egg size in the musk turtle, *Sternotherus odoratus* LATREILLE. – Natural History Miscellanea. (152): 1–3.

ERNST, C.H. (1986): Ecology of the turtle, *Sternotherus odoratus*, in southeastern Pennsylvania. – J. Herpetol. 20: 341–352.

–, J.E. LOVICH & R.W. BARBOUR (1994): Turtles of the United States and Canada. – Smithsonian Institution Press, Washington London, 578 S.

–, J.L. MILLER, K.R. MARÍON & W.A. COX (1988): Comparisons of shell morphology among turtles of the *Kinosternon minor* complex. – Amer. Midl. Natur. 120: 282–288.

– & R.W. BARBOUR (1972): Turtles of the United States. – Univ. Kent. Press, Lexington, 347 S.

– (1989): Turtles of the World. – Smithsonian Institution Press, Washington, 313 S.

ESTRIDGE, R.E. (1970): The taxonomic status of *Sternothaerus depressus* (Testudinata; Kinosternidae) with observations on its ecology. – Master's thesis, Auburn Univ., Auburn, Alabama, 49 S.

ETCHBERGER, C.R. & L.M. EHRHARDT (1987): The reproductive biology of the female loggerhead musk turtle, *Sternotherus minor minor*, from the southern limit of its range in central Florida. – Herpetologica 43: 66–73.

– & R.H. STOVALL (1990): Seasonal variation in the testicular cycle of the loggerhead musk turtle, *Sternotherus minor minor*, from central Florida. – Can. J. Zool. 68: 1071–1074.

EWERT, M.A. (1979): The embryo and its egg: development and natural history. – S. 333–413 in: HARLESS, M. & H. MORLOCK (Hrsg.), Turtles: perspectives and research. – Wiley-Interscience. New York.

EWERT, M.A. (1985): Embryology of turtles. – S. 75–267 in: GANS, C., F. BILETT & P.F.A. MADERSON (Hrsg.): Biology of the Reptilia. – John Wiley & Sons, New York vol. 14, Development A.

– (1991): Cold torpor, diapause, delayed hatching and aestivation in reptiles and birds. – S. 173–191 in: DEEMIN, D.C. & M.W.J. FERGUSON (Hrsg.) Egg incubation: Its effects on embryonic development in birds and reptiles. – Cambrigde Univ. Press, New York.

FAIR, W. (1972): Taxonomic relations among chelydrid and kinosternid turtles elucidated by serological tests. – Copeia: 97–108.

FLORES-VILLELA, O. A. & G.R. ZUG (1995): Reproductive Biology of the Chopontil, *Claudius angustatus* (Testudines: Kinosternidae), in Southern Veracruz, México. – Chelon. Conserv. Biol. 1 (3): 181-186.

FOLKERTS, G.W. (1968): Food habits of the striped-necked musk turtle, *Sternotherus minor peltifer* SMITH and GLASS. – J. Herpetol. 2: 171–173.

FRETEY, J. (1976): Reproduction de *Kinosternon scorpioides scorpioides* (LINN). – Bull. Soc. Zool. France. 101: 732–733.

FRETEY, J. (1977): Les chéloniens de Guyane francaise. 1. Etude préliminaire. – Thesis, Univ. Paris, 201 S.

GIST, D.H. & J.M. JONES (1989): Sperm storage within the oviduct of turtles. – J. Morphol. 199: 379–384.

GRYCHTA, U. (1996): Haltung und Nachzucht der Mexiko-Klappschildkröte, *Kinosternon integrum* LE CONTE, 1854. – Sauria 18 (3): 13–15.

GUNTERMANN, J. (1998): Beobachtungen an *Sternotherus minor minor* in natürlichen Lebensräumen in Florida. – Emys 5 (5): 4–16.

HARDY, L.M. & R.W. McDIARMID (1969): The amphibians and reptiles of Sinaloa, Mexiko. – Univ. Kansas Publ. Mus. Nat. Hist. 18: 39–252.

HENNIG, A.S. (2000): Haltung und Nachzucht von *Sternotherus carinatus* (GRAY, 1855), der Dach-Moschusschildkröte. – Radiata 9 (4): 3–7.

HOFER, A. (1999): Welterstnachzucht der Weißkehl-Klappschildkröte *Kinosternon scorpioides albogulare* DUMÉRIL & BOCOURT, 1870. – Emys. 6 (3): 20–26.

HOUSEAL, T.W., J.W. BICKHAM & M.D. SPRINGER (1982): Geographic variation in the yellow mud turtle, *Kinosternon flavescens*. – Copeia 1982: 567–580.

HULSE, A.C. (1976a): Carapacial and plastral flora and fauna of the Sonora mud turtle, *Kinosternon sonoriense* LE CONTE (Reptilia, Testudines, Kinosternidae). – J. Herpetol. 10: 45–48.

– (1976b): Growth and morphometrics of *Kinosternon sonoriense* (Reptilia, Testudines, Kinosternidae). – J. Herpetol. 10: 341–348.

– (1982): Reproduction and population structure in the turtle, *Kinosternon sonoriense*. – Southwest. Natur. 27: 447–456.

HUTCHISON, V.H., A. VINEGAR & R.J. KOSH (1966): Critical thermal maxima in turtles. – Herpetologica 22: 32–41.

IVERSON, J.B. (1976): The Genus *Kinosternon* in Belize (Testudines: Kinosternidae). – Herpetologica 32: 258–262.

– (1977): Reproduction in terrestrial and freshwater turtles in north Florida. – Herpetologica 33(2): 205–212.

– (1978): Distributional problems of the genus *Kinosternon* in the American southwest. – Copeia (3): 476–479.

– (1981): Biosystematics of the *Kinosternon hirtipes* species group (Testudines, Kinosternidae). – Tulane Stud. Zool. Bot. 23: 1–74.

– (1982): Biomass in turtle populations: A neglected subject. – Oecologica, Berlin. 55: 69–76.

– (1986): Notes on the Natural History of the Oaxaca Mud Turtle, *Kinosternon oaxacae*. – J. Herpetol. 20 (1): 119–123.

– (1988): Neural bone patterns and the phylogeny of the turtles of the subfamily Kinosterninae. – Milwaukee Publ. Mus. Contrib. Biol. Geol. (75): 1–12.

– (1989a): Natural history of the Alamos mud turtle *Kinosternon alamosae* (Kinosternidae). – Southwest. Nat. 34 (1): 134–142.

– (1989b): The Arizona mud turtle, *Kinosternon flavescens arizonense* (Kinosternidae), in Arizona and Sonora. – Southwest. Natur. 34: 356–368.

– (1990): Nesting and parental care in the mud turtle, *Kinosternon flavescens*. – Can. J. Zool. 68: 230–233.

– (1991a): Phylogenetic hypotheses for the evolution of modern kinosternine turtles. – Herpetol. Monogr. (5): 1–27.

– (1991b): Life history and demography of the yellow mud turtle, *Kinosternon flavescens*. – Herpetologica 47: 373–395.

– (1992a): A Revised Checklist with Distribution Maps of the Turtles of the World. – Privatley Printed, Richmond, Indiana, 363 S.

– (1992b): Correlates of reproductive output in turtles (order Testudines). – Herpetol. Monogr. 6: 25–42.

– (1998): Molecules, Morphology and Mud Turtle Phylogenetics (Family Kinosternidae). – Chelonian Conservation Biol., 3 (1): 113–117.

– & M.A. EWERT (1991): Physical characteristics of reptilian eggs and a comparsion with avian eggs. – S. 87–100 in DEEMING, D.C., M.W.J. FERGUSON (Hrsg.). Eggs incubation: effects on embryonic development in birds and reptiles. – Cambridge Univ. Press, New York.

–, E.L. BARTHELMESS, G.R. SMITH & C.E. DeRIVERA (1991): Growth and Reproduction in the Mud Turtle *Kinosternon hirtipes* in Chihuahua, México. – J. Herpetol. 25 (1): 64–72.

JACKSON, D.C., C.V. HERBERT & G.R. ULTSCH (1984): The comparative physiology of diving in North American freshwater turtles. II. Plasma ion balance during prolonged anoxia. – Physiol. Zool. 57: 632–640.

JOHNSON, T.R. (1987): The amphibians and reptiles of Missouri. – Missouri Dept. Conserv., Jefferson City, 369 S.

KOFRON, C.P. & A.A. SCHREIBER (1985): Ecology of two endangered aquatic turtles in Missouri: *Kinosternon flavescens* and *Emydoidea blandingii*. – J. Herpetol. 19: 27–40.

LAGLER, K.F. (1943): Food habits and economic relations of the turtles of Michigan with special reference to fish management. – Amer. Midl. Natur. 29: 257–312.

LAMB, T. & J. LOVICH (1990): Morphmetric Validation of the Striped Mud Turtle (*Kinosternon baurii*) in the Carolinas and Virginia. – Copeia: 613–618.

LARDIE, R.L. (1975): Observations on reproduction in *Kinosternon*. – J. Herpetol. 9: 260–264.

– (1979): Eggs and young of the plains yellow mud turtle. – Bull. Oklahoma Herpetol. Soc. 3: 70–72.

LEGLER, J.M. (1965): A new species of turtle, genus *Kinosternon*, from Central America. – Univ. Kansas Publ. Mus. Nat. Hist. 15: 615–625.

– (1966): Notes on the natural history of a rare Central American turtle, *Kinosternon angustipons* LEGLER. – Herpetologica 22: 118–122.

LEHMANN, H. (1984): Ein Zwillingsschlupf bei *Sternotherus minor minor* (AGASSIZ, 1857) (Testudines: Kinosternidae). – Salamandra 20 (4): 192–196.

MAHMOUD, I.Y. (1967): Courtships behavior and sexual maturity in four species of kinosternid turtles. – Copeia: 314–319.

– (1968): Feeding behavior in kinosternid turtles. – Herpetologica 24: 300–305.

– (1969): Comparative ecology of the kinosternid turtles of Oklahoma. – Southwest. Natur. 14: 31–66.

MARION, K.R., W.A. COX & C.H. ERNST (1991): Prey of the flattened musk turtle, *Sternotherus depressus*. – J. Herpetol. 25: 385–387.

McCAULEY, R.H. (1945): The reptiles of Maryland and the District of Columbia. – Privatley printed, Hagerstown, Maryland, 194 S.

McPHERSON, R.J. & K.R. MARION (1981): The reproductive biology of female *Sternotherus odoratus* in an Alabama population. – J. Herpetol. 15(4): 389–396.

MEDEM, F. (1961): Contribuciónes al conocimiento sobre la morfología, ecología y distribución geográfica de la tortuga *Kinosternon dunni* K. P. Schmidt. – Novedades Colombianas 1: 446–476.

– (1962): La distribución geográfica y ecologia de los Crocodylia y Testudinata en el Departamento del Choco. – Rev. Acad. Colomb. Cien. Ex. Fis. Nat. 11: 279–303.

MITCHELL, J. C. (1988): Population ecology and life histories of the freshwater turtles *Chrysemys picta* and *Sternotherus odoratus* in an urban lake. – Herpetol. Monogr. 2: 40–61.

MOLL, E.O. & J.M. LEGLER (1971): The life history of a neotropical slider turtle, *Pseudemys scripta* (SCHOEPFF), in Panama. – Bull. L.. A.. Co. Mus. Nat. Hist. (Sci.) 11: 1–102.

MOLL, D. & E.O. MOLL (1990): The slider turtle in the Neotropics: Adaptation of a temperate species to a tropical environment. – S. 152–161 in: GIBBSONS, J.W. (Ed.): Life History and Ecology of the Slider Turtle. – Washington, D.C., Smithsonian Institution Press.

MOUNT, R.H. (1981): The status of the flattened musk turtle, *Sternotherus minor depressus* TINKLE and WEBB. – U.S. Fish Wildl. Serv. Final Report, Contract, 14-16-0004-80-096, 118 S.

NICHOLS, J.T. (1947): Notes on the mud turtle. – Herpetologica 3: 147–148.

OBST, F.J. (1985): Die Welt der Schildkröten. – Edition Leipzig, Leipzig, 235 S.

PETERSON, C.C. & P.A. STONE (2000): Physiological Capacity for Estivation of the Sonoran Mud Turtle, *Kinosternon sonoriense*. – Copeia (3): 684–700.

POGLAYEN, I. (1965): Observations on Herrera's mud turtle *Kinosternon herrerai* STEJNEGER. – Intern. Zoo Yearb. 5: 171–173.

PRASCHAG, R. (1983): Zur Fortpflanzungsbiologie von *Kinosternon baurii* (GARMAN, 1891) mit Bemerkungen über eine abnorme Gelegehäufigkeit und die Embryonalentwicklung (Testudines: Kinosternidae). – Salamandra 19 (3): 141–150.

PRITCHARD, P.C.H. (1979): Encyclopedia of turtles. – T.F.H. Publ. Inc., Neptune. New Jersey, 895 S.

– & P. TREBBAU (1984): The Turtles of Venezuela. – Soc. Sud. Amphib. Rept., 403 S.

PUNZO, F. (1974): A qualitative and quantitative study of food items of the yellow mud turtle, *Kinosternon flavescens* (AGASSIZ). – J. Herpetol. 8: 269–271.

RUDLOFF, H.W. (1986): Schlammschildkröten Terrarientiere der Zukunft. – Aquar. Terrar. 33 (5): 166–169.

– (1990): Vermehrung von Terrarientieren – Schildkröten. – Urania-Verlag. Leipzig. Jena. Berlin, 155 S.

SACHSSE, W. (1977): Normale und pathologische Phänomene bei Zuchtversuchen mit Schildkröten, hier anhand von *Kinosternon bauri* (Reptilia: Testudines: Kinosternidae). – Salamandra 13 (1): 22–35.

SCHILDE, M. (1990): Frühreife bei der Moschusschildkröte (*Sternotherus odoratus*). – Elaphe 12

(3): 44–45.

– (2000): Haltung und Zucht von *Staurotypus triporcatus* (Wiegmanm, 1828), der Großen Kreuzbrustschildkröte. – Radiata 9 (2): 25–28.

Schipperijn, A.J.M. (1987): Een ongewilde kruising tussen de modderschildpadden *Kinosternon subrubrum* en *K. flavescens*. – Lacerta 45: 62–67.

Schmidt, A.A. (1970): Zur Fortpflanzung der Kreuzbrustschildkröte (*Staurotypus salvinii*) in Gefangenschaft. – Salamandra 6 (1/2): 3–10.

Schmidt, K.P. (1941): The amphibians and reptiles of British Honduras. – Field Mus. Nat. Hist. Zool. Ser. 22 (8): 475–510.

– (1947): A new kinosternid turtle from Colombia.– Fieldiana: Zool. 31: 109–112.

– (1953): A check list of Noth American amphibians and reptiles. – 6. Aufl., Chicago Press, Chicago, 280 S.

Seidel, M.E., J.B. Iverson & M.D. Adkins (1986): Biochemical Comparisons and Phylogenetic Relationships in the Family Kinosternidae (Testudines). – Copeia (2): 285–294.

Sexton, O.J. (1960): Notas sobre la reproduccion de una tortuga venezolana, la *Kinosternon scorpioides*. – Mem. Soc. Cienc. Nat. La Salle. 20: 189–197.

Sites, J.W., J.W. Bickham, M.W. Haiduk & J.B. Iverson (1979): Banded karyotypes of six taxa of kinosternid turtles. – Copeia (4): 692–698.

Smith, H.M. & E.H. Taylor (1950): Type localities of the Mexican reptiles and amphibians. – Univ. Kansas Sci. Bull. 33 (8): 313–380.

Smith, H.M. & R.B. Smith (1979): Synopsis of the Herpetofauna of Mexico. Vol. VI. Guide to Mexican Turtles, Bibliographic Addendum 3. – Johnson. North Bennington, 1044 S.

Smith, H.M. & R. Brandon (1968): Data nova herpetologica Mexicana. – Trans. Kansas Acad. Sci. 71: 49–61.

Smith, P.W. (1951): A new frog and a new turtle from the western Illinois sand prairies. – Bull. Chicago Acad. Sci. 9: 189–199.

Stone, P.A., J.L. Dobie & R.P. Henry (1992a): Cutaneous surface area and bimodal respiration in soft-shelled (*Trionyx spiniferus*), stinkpot (*Sternotherus odoratus*), and mud turtles (*Kinosternon subrubrum*). – Physiol. Zool. 65: 311–330.

Stone, P.A., J.L. Dobie & R.P. Henry (1992b): The effect of aquatic O_2 levels on diving and ventilatory behavior in soft-shelled (*Trionyx spiniferus*), stinkpot (*Sternotherus odoratus*), and mud turtles (*Kinosternon subrubrum*). – Physiol. Zool. 65: 331–345.

Thomas, E.S. & M.B. Trautman (1937): Segregated hibernaculum of *Sternotherus odoratus* (Latreille). – Copeia: 231.

Tinkle, D.W. (1958): The systematics and ecology of the *Sternothaerus carinatus* complex (Testudinata, Chelydridae). – Tulane Stud. Zool. 6: 3–56.

– (1961): Geographic variation in reproduction size, sex ratio and maturity of *Sternotherus odoratus* (Testudinata: Chelydridae). – Ecology 42: 68–76.

Ultsch, G.R., C.V. Herbert & D.C. Jackson (1984): The comparative physiology of diving in North American freshwater turtles. I. Submergence tolerance, gas exchange, and acid-base status. – Physiol. Zool. 57: 620–631.

Vetter, H. & S. Antenbrink-Vetter (1998): Gewöhnliche Moschusschildkröte, *Sternotherus odoratus* (Latreille, 1801). – Schildkröte 5 (4): 1–21.

Vogt, R.C., J.J. Bull (1982): Temperature controlled sex-determination in turtles: Ecological and behavioral aspects. – Herpetologica 38: 156–164.

Vogt, R.C. & S.G. Guzman (1988): Food Partitioning in a Neotropical Freshwater Turtle Community. – Copeia (1): 37–47.

Wermuth, H. & R. Mertens (1961): Schildkröten, Krokodile, Brückenechsen. – G. Fischer, Jena, 424 S.

Wygoda, M.L. (1979): Terrestrial activity of striped mud turtles, *Kinosternon baurii* (Reptilia, Testudines, Kinosternidae) in west-central Florida. – J. Herpetol. 13: 469–480.

– & C.M. Chmura (1990): Effects of shell closure on water loss in the Sonoran mud turtle, *Kinosternon sonoriense*. – Southwest. Natur. 35: 228–229.

Lebendige Fachliteratur

Terrarien Bibliothek

Landschildkröten

V. Müller, W. Schmidt

196 Seiten, 90 Abbildungen
Format: 17,5 x 23,2 cm
ISBN 3-931587-02-9

39,80 €

Ernährung von Landschildkröten

Dr. Carolin Dennert

144 Seiten, 113 Farbfotos
17 Grafiken, 27 Tabellen
Format: 16,8 x 21,8 cm, ISBN 3-931587-53-5

19,80 €

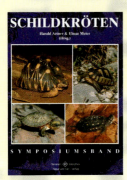

Schildkröten

Symposiumsband
H. Artner, E. Meier (Hrsg.)

184 Seiten, 206 Abbildungen
Format: 20 x 27,5 cm, ISBN 3-931587-42-8

39,80 €

8,60 €

Einzelheft,
Preis zzgl. Versandkosten

7,60 €

Einzelheft,
Preis zzgl. Versandkosten

Natur und Tier - Verlag GmbH An der Kleimannbrücke 39/41
- Terraristik   48157 Münster
- Meerwasseraquaristik
- Kleinsäuger   Telefon: 0251 - 14 39 53
- Reise   Telefax: 0251 - 14 39 55
- Garten   E-mail: verlag@ms-verlag.de

Foto: U. Strathemann

Foto: P. Kornacker

Deutsche Gesellschaft für Herpetologie und Terrarienkunde (DGHT) e. V.

Die Deutsche Gesellschaft für Herpetologie und Terrarienkunde (DGHT) ist eine Gesellschaft zur Förderung der Herpetologie und Terrarienkunde, die im Jahre 1964 als Nachfolgeorganisation des seit 1918 bestehenden „Salamander" gegründet wurde.

Unsere Mitglieder arbeiten ...

• in Wissenschaft und Forschung
• im Rahmen von Haltung, Pflege und Zucht (Terrarienkunde)
• und im Bereich des Natur- und Artenschutzes
Inzwischen ist die Deutsche Gesellschaft für Herpetologie und Terrarienkunde mit über 8000 Mitgliedern aus 30 Nationen die weltweit größte Gesellschaft ihrer Art.

Foto: M. Gruschwitz

Unsere Ziele und Aufgaben ...

Die DGHT vereinigt die Fachgebiete der Herpetologie und der Terrarienkunde unter einem Dach. Das ist die Stärke unserer Gesellschaft. Die DGHT bietet sowohl dem Wissenschaftler, der sich beruflich mit Amphibien oder Reptilien befasst, als auch dem Liebhaber, der mit viel Engagement und Freude Amphibien oder Reptilien pflegt und züchtet, ein gemeinsames Forum für Information, Kommunikation und Publikation.

Foto: P. Niebergall

www.dght.de

• Datenbank der geschützten Reptilien und Amphibien – etwa 1000 Arten – mit verständlichen Hinweisen zur Artenschutzverordnung.
• Datenbank der deutschsprachigen Terraristik-Fachartikel: Hier werden natürlich auch die Artikel der NTV-Zeitschrift „Reptilia" aufgenommen.
• Terminkalender mit Fachveranstaltungen, Treffen der Regionalgruppen sowie Börsen.
• Großes Diskussionsforum mit anregenden Beiträgen von Amateuren und Profis.
• News-Ticker mit Agenturmeldungen aus aller Welt sowie Links zu Homepages.

Foto: A. Schmidt

Foto: W. Erdelen

Foto: H. Mägdefrau

Wenn Sie Mitglied der DGHT werden möchten oder weitere Fragen haben, wenden Sie sich an:
DGHT-Geschäftsstelle
Postfach 1421, D-53351 Rheinbach
Telefon (02225) 703333, Fax (02225) 703338
www.dght.de (hier gibt's einen Aufnahmeantrag)
Geschäftszeiten: Mo.-Do. 9-18 Uhr, Fr. 9-15 Uhr